JN219168

若手が辞める「まさか」の理由

離職防止のプロが2000人に訊いてわかった！

離職防止コンサルタント
井上洋市朗

はじめに
なぜ若手社員が辞めていくのか？

今の若手社員が会社を辞める本当の理由は、なんだと思いますか？

給料、人間関係、入社前後のギャップ、ほかにやりたいことが見つかったから、時代の変化で転職が当たり前になったから……。読者のみなさまのこれまでの経験や知識から、様々な理由が推測されると思います。

私は、若手社員がなぜ辞めるのかについて、２０１１年から実態調査を開始し、これまで新卒入社後３年以内に辞めた約３００名の方にインタビューをおこなってきました（私以外のプロジェクトメンバーのインタビューも合わせると約４００名です）。

また、現在は企業向けの離職対策支援の一環として、年間１００件以上の研修・講演登壇を通じ、年間２０００人以上の新入社員、ＯＪＴ担当者、管理職、経営陣など様々な立場の方々と接しています。

研修の場では、外部の人間に対してだからこそ、話せる本音や相談を聞く機会も少なくありません。

若手社員が辞める主な「3つの要因」

多くのインタビューや企業で働く方々の生の声を聞く中で、若手社員が辞める要因は3つに集約されることがわかりました。

①存在承認の不足
②貢献実感の不足
③成長予感の不足

社員の定着率を上げたいのであれば、自社の社員が辞める要因がこの3つのうちのどこにあるのかを把握し、会社の状況にあった対策をすることが必要です。

深刻化する人手不足対策として、企業は採用を強化し、働き方改革などで労働環境整備に力を入れていますが、「若手社員が定着しなくて困っている」という声は、企業の大小問わずに聞かれます。

若手社員の定着がうまくいかないのは、自社の若手社員が辞める理由を正しく把握できておらず、正しい対策もしていないからです。

本書は、読者のみなさまに若手社員が辞める理由を正しく知っていただき、そのうえで具体的な対策を実行してもらうことを目的として書きました。

新卒入社後3年以内に辞めた人、300人の生の声

日本で若手社員の離職が問題になりはじめたのは、いつごろからでしょうか？

私の記憶にあるのは、２００６年に人事コンサルタントの城繁幸氏が『若者はなぜ３年で辞めるのか？　年功序列が奪う日本の未来』（光文社）を出版し、注目を集めたことです。

当時、大学生だった私は、大学の授業で「若手社員の３年３割離職問題」を初めて知りました。

私自身、新卒入社の会社を１年10か月で辞めているので、３年で３割の当事者です。

当事者として感じるのは、私が辞めた当時よりも今のほうが「３年で辞めるのは悪いことではない」という意識の人が、年代問わず増えてきていることです。

それは、SNSを通じて「3年で辞めてよかった」「辞めたからこそ今は充実した生活が送れている」などの声が広がるようになったことも、無関係ではないでしょう。

ただし、若手社員の離職について語る人の多くは、自分の経験、周囲の人の体験談、SNSやメディアで見聞きした話がもとになっています。定量的なデータや幅広い事例をもとに語られることは、まだまだ少ないのが実情です。


本書を執筆したきっかけは、若手社員の離職について、定量的なデータや多くの事例を交えてお伝えすることで、若手社員が辞める理由が正しく理解され、正しい対策が広がってほしいという思いからです。

そのため本書では、インタビューでの生の声や企業研修を通じて感じた若手社員の実像や、若手社員をマネジメント・指導する立場の方々の悩みなど、生々しい情報を多くご紹介しています。

新卒入社後3年以内に辞めた人と、1対1で1時間かけておこなうインタビューを300人も続けている変人は、おそらく世界で私だけだと思います。

だからこそ、お伝えできるリアルな情報をみなさまの参考にしてください。

離職対策は組織のアップデートが必須

若手社員が辞める理由について正しく知ってほしいと書きましたが、辞める理由は人によって千差万別です。

当然、対策も様々なやり方が考えられます。

最近では、企業向けの離職対策サービスがたくさんあります。私が起業した2012年当時からは信じられないくらい、離職対策支援のツールは多様化しています。

しかし、残念ながら万能なツールはありません。組織の状況に合わせて対策を打たなければ効果は期待できないのです。

だからこそ、まずは若手社員についての実態を正しく知っていただきたいです。

ただし、どんな対策、どんなツールであっても、組織の状態をアップデートし続けることが必要です。

時代に合わせて、働く一人ひとりの意識のアップデート、コミュニケーションスキルのアップデート、評価制度など仕組みのアップデートをしなくては、変化の大きい今の時代には対応できません。

なぜアップデートが必要なのか、どんなアップデートをすべきなのか、アップデートとは具体的にどんなことをすればいいのかを、全5章でお伝えしているのが本書です。

第1章と第2章では、データとインタビューを中心に、若手社員の離職の実態をお伝えすることで、アップデートの必要性をお伝えします。

第3章では、組織全体でのマインドとスキルのアップデートのポイントを解説しています。

第4章と第5章では、若手社員が辞めずに活躍できる組織になるために、アップデートの具体的な方法をお伝えしています。なかでも、若手社員とのコミュニケーション部分に焦点を当て、場面別や課題別のコミュニケーション方法を多数掲載しました。

第1章と第2章は、前提知識として必ずお読みいただきたいですが、それ以降は読者の方々のお立場やお悩みに応じて、第3、第4、第5章のどこからでも読んでいただけます。

今回の執筆にあたっては、２０１１年から私が続けてきた大量のインタビューを、自分でも読み返しました。結果として統計データだけではわからない、よりリアルな若手社員が辞める実情と対策をお伝えできる内容になったと自負しています。

人手不足が深刻化する中、若手社員の離職対策は今度ますます重要です。企業の経営課題である離職対策に本書をご活用いただければ幸いです。

第2章 的外れな離職防止策を正す ～企業が陥る負のスパイラルを止める

第3章 時代に即したマインドとスキルを ～組織全体でアップデートする

第4章 社内コミュニケーションの活性化 ～若手が成長する環境を整える

第5章 信頼関係を築く若手への声掛け ～雑談と個別対応で結果が変わる

第1章

若手社員の本音と実情

～彼らが辞める「まさか」の理由

若手が辞める要因は、お金でも人間関係でもない

多くの企業が人手不足に悩む中、若手人材の確保のために企業は、様々な施策を打ち出しています。初任給アップや転勤制度の見直し、入社前の配属確約、若手新人の残業禁止などなど。しかし、万能な対策はありません。

どんな対策でも、若手社員が辞める理由に対応したものでなくては、効果がありません。そして、**実は多くの方が、若手社員が辞める理由を勘違いしている**のです。

若手社員が辞める理由について、よく言われるのは給料と人間関係の問題です。これは、離職対策がテーマの研修や講演会の事前打ち合わせでも頻繁に耳にします。

ある地方で講演会の依頼をいただき、事前打ち合わせをした際には「結局は給料の問題だと思いますが、地方の中小企業は現実的に給料アップが無理なので、給料アップ以

外の話をしてください」と真剣な表情で言われたこともあります。

たしかに、給料は重要な要素の一つですが、それだけが理由ではありません。

厚生労働省（厚労省）が発表する新卒入社後３年以内の離職率の推移を見ると、直近10年は大企業（従業員１０００人以上の事業所）では上昇傾向であることがわかります。２０２１年卒は、大企業の新卒３年以内離職率（大卒）が過去最多の28・２％でした。

一方、中小企業の新卒３年以内離職率（大卒）は、直近10年、大企業ほど上昇していません。一般的には、大企業のほうが給料がよい傾向にあるので、給料が問題であれば、大企業の３年以内離職率が、中小企業より上昇傾向にあるのは違和感があります。

人間関係についても同様です。従業員が少ない中小企業のほうが、人間関係は密になりがちですし、イヤだと思ったときに異動願いを出すこともできません。

人間関係がイヤになったときに、逃げ場がないのは中小企業のほうです。にもかかわらず、**中小企業より大企業の３年以内離職率のほうが、上昇傾向にある**のです。

では結局、理由は何なのでしょうか？

私が今までインタビューを重ね、様々な企業の若手社員や人事の方々と対話する中で、若手社員が辞める理由として、次の３つの要因があることがわかってきました。

①存在承認の不足
②貢献実感の不足
③成長予感の不足

この中でも、とくに重要であり、かつ見落としがちなのが、3つ目の「成長予感の不足」です。

各要因の解説はこの章の最後に説明しますが、まずはなぜこの3つが理由なのか、さらに、なぜ「成長予感」が重要なのかを、各種データなどを交えてお伝えします。

なお、本書では、新卒入社後3年以内で会社を辞めた方のことを「早期離職者」、同様に新卒入社後3年以内離職率のことを「早期離職率」と表記します。以降「早期離職率」と表記している場合には、大卒者の新卒の3年以内離職率を示します。

企業と若者では「安定の意味」が違う

若者の気質を知るヒントとして、株式会社マイナビの「大学生就職意識調査」を見てみましょう。「企業選択のポイント」という項目を見てみると、今どきの若者が企業に求めている要素がわかります。２０２５年卒予定の大学生に聞いた「企業選択のポイント」の上位5項目は、以下の通りです。

1位　安定している会社
2位　自分のやりたい仕事（職種）ができる会社
3位　給料の良い会社
4位　勤務制度・住宅など福利厚生の良い会社
5位　休日・休暇の多い会社

1位の「安定している会社」は5年連続トップです。しかも、その数字を毎年伸ばしています。一方で2位の「自分のやりたい仕事（職種）ができる会社」は、２０１９年卒までの調査ではずっと1位でしたが、２０２０年卒で2位に陥落。そこから数字が落ち続けています。

3位の「給料の良い会社」は、以前はそれほど順位が高くなかったのですが、ここ数年で一気に順位を上げていて、来年か再来年には2位と3位が入れ替わる可能性もあり得ます。それほど、今の若者にとって「安定と給料」は大切な要素です。

しかし、ここで一つ疑問が生じます。安定と給料を求めているのなら、なぜ中小企業と比べて、大企業の早期離職率は上昇傾向にあるのでしょうか？

一見、矛盾しているように思えるこの現象に、若手社員の辞める理由を知るヒントが隠されています。**キーワードは「安定の意味」です。**

安定している会社と給料がよい会社が人気ならば、初任給を上げて、採用サイトや採用説明会では、会社の歴史や業績をアピールすれば応募が集まるはずです。

実際、採用サイトには、給料と安定をアピールしている会社がたくさんあります。中小・中堅企業の場合「弊社は、大企業の○○社が取引先なので、安定した収益があります」など、大手有名企業との取引をアピールするケースも散見されます。

企業が必死に伝えているのは「うちの会社はつぶれる確率が低い」という意味での安定です。しかし、実はこれ、若者が求めている安定とは違います。

若者にとっての安定とは、**会社がつぶれるかどうかではなく「自分が食いっぱぐれないかどうか」という意味での安定です。**

つまり、会社そのものの安定というよりも、自身のキャリアの安定なのです。

最近では、文系未経験からシステムエンジニア（ＳＥ）に就職する例も多く、インタビューでも多く出会います。ＳＥの需要が大きいという事情もありますが、文系未経験からＳＥになる方の多くが「ＳＥとして手に職をつけておけば、将来困らない気がしたからＳＥになった」という趣旨のことを話します。

ほかにも、営業職からＳＥへ転職した方、プログラミングスクールに通ってみたけど挫折し、事務職で転職を目指した方などもいますが、ほとんどが同じような理由です。

そもそも「今どきの若者はすぐ辞める」が間違い

会社の安定ではなく自身のキャリアの安定を求めていると書くと、今の若者はいかにも利己的で、会社への帰属意識が低く忠誠心がないようにも聞こえるかもしれません。また、若者の気質の変化によって、会社への帰属意識が以前より低くなったのであれば、若手社員が転職していくのは仕方ないように思う方も多いでしょう。

でも、ちょっと待ってください。今どきの若者は、昔に比べて辞めるようになっているわけではありません。少なくともここ20年で見れば、若手社員が昔よりも辞めるようになったという事実はないのです。

私は離職対策に関する講演、研修などを年間で計１００本以上おこなっています。

内容は講演や研修の目的によっても異なりますが、若手社員の離職対策がテーマの場合、冒頭でこんなクイズを出しています。

「大卒の新卒入社3年以内の離職率（早期離職率）は、20年前に比べて10ポイント以上上がっている。マルかバツか」

みなさんはどう思いますか？

これまで数多くの企業、団体で同じ質問をしてきましたが、おおむね70～80％の方が「マル」と回答します。つまり、20年前に比べ、今の若手の離職率が高いと思っている人が圧倒的に多いのです。

残念ながら正解はバツです。20年前と変わっていないどころか、微減しています。厚労省が発表している新規学卒者の3年以内離職率のデータでは、2021年卒の大卒新卒の3年以内離職率は34・9％です（発表は2024年10月）。では、20年前の2001年卒はどうかというと、35・4％と、実は現在よりも高い数字です。

実は2000年～2005年卒あたりは、最も早期離職率が高い時期。ですから、20年前に比べると今の若者のほうが辞めにくいのです。このことから**「最近の若い人は昔に比べてすぐ辞めるわけではない」ことは明らか**です。

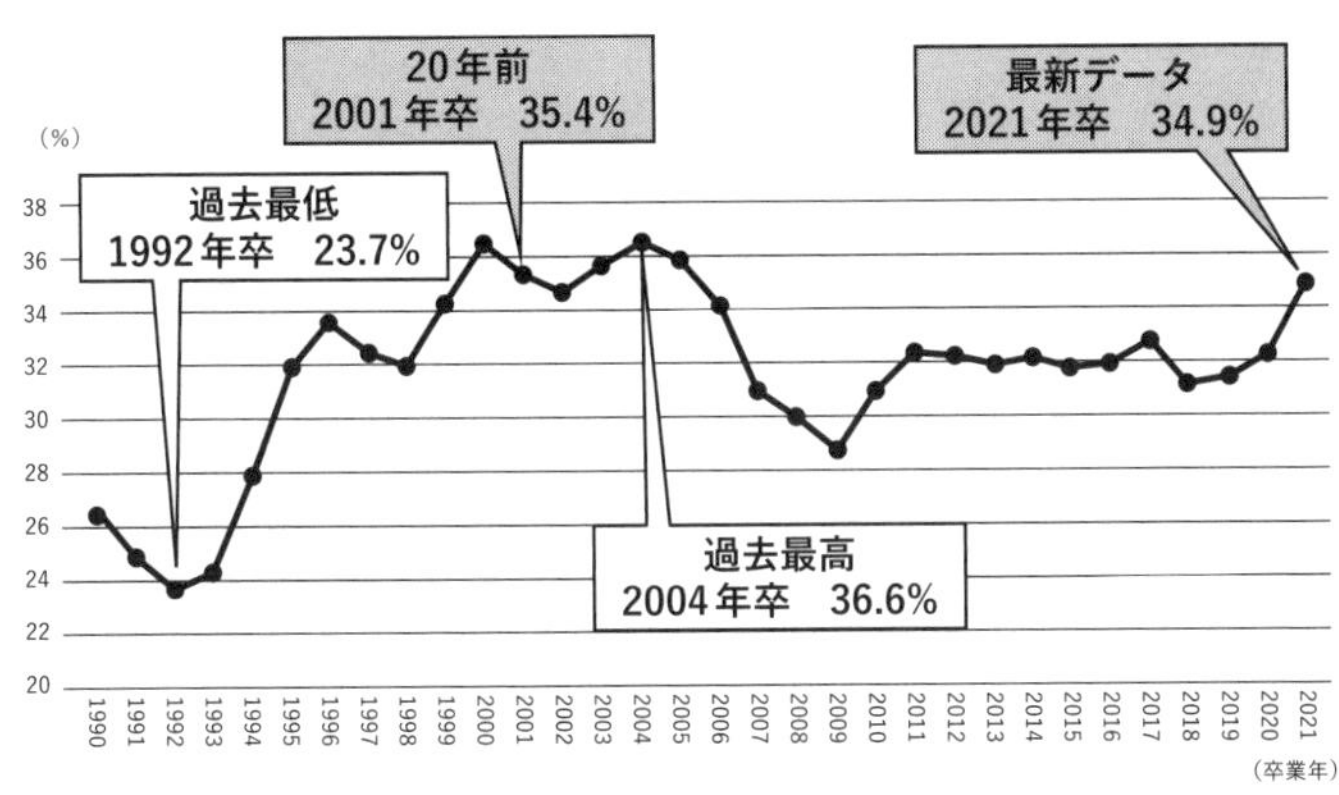

（厚生労働省　「新規学卒者の離職状況」より作成）

ここまで、大卒のデータを解説しましたが、高卒はどうでしょうか？

実は、高卒はもっと衝撃的な結果です。高卒は20年前と比較して、今では圧倒的に離職率が低くなっています。最も高かった２０００年卒は50・３％ですから、高卒入社の半分以上が３年以内に辞めていることになります。一方で、最新データである２０２１年卒は38・４％です。これは歴代で6番目に低い水準です。

大卒の場合は、バブル期の早期離職率が低い傾向にあるのに対して、高卒に関してはリーマンショックの影響を受けた２００９年卒が歴代で最も低く、その後もバブル期より低い水準で推移しているのが特徴です。

高卒も大卒も、今の若手社員が昔に比べて辞めるわけではありません。「若手社員はなぜ辞めるのか？」を考える場合には、まずこの事実をおさえておく必要があります。

本当に「大手ほど」若手は辞めているのか？

今どきの若手は、昔に比べて辞めているわけではないことは、お伝えした通りです。また、就活生への意識調査では「安定している会社」が、企業選びの基準のトップであること。一方で、大企業の早期離職率が上昇傾向にあることも、これまでお伝えしてきました。

厚労省の発表による「新規大卒就職者の事業所規模別就職後3年以内の離職率の推移」のデータを見ると、大企業の早期離職率が上昇傾向であることがよくわかります（厳密には、厚労省が発表しているデータは、事業所の従業員数別のため、企業の従業員数とは異なりますが、それでも、一定の傾向を知ることはできると考え、ここではご紹介します）。

大卒の新卒3年以内離職率が、34・9％であることは先ほどお伝えしましたが、これは様々な事業規模、業種の平均です。実際には、業種や従業員規模で数値は異なります。従業員1000人以上の事業所（以後、わかりやすく「大企業」とします）の場合、大卒の早期離職率は28・2％ですから、全体平均の34・9％よりも低い水準です。

従業員規模は、5人未満を最小として6段階に分類されていますが、従業員数が増えるほど早期離職率は低くなります。私の知る限りでは、この現象は毎年変わりません。

つまり、社員が多い会社に入ったほうが辞めにくいと言えます。

ここで、違和感を覚えた方もいるかもしれません。

「え？　さっきまで大企業の早期離職率が高いって言ってなかった？」と思った方は、この本をじっくり読んでいただいている方ですね。ありがとうございます。

大企業のほうが早期離職率は低いのですが、直近10年で見ると、大企業の早期離職率は上昇傾向にあるのです。厚労省の調査結果を見てみましょう。

大企業の早期離職率は、２０１１年卒は22・8％でしたが、5年後の２０１６年卒は25・0％と上昇し、２０２１年卒の28・2％は歴代で最も高い数字です。

一方で全体平均は、２０１１年卒が32・4％、5年後の２０１６年卒は32・0％と減少しています。直近の２０２１年卒は34・9％と上昇していますが、大企業の早期離職率に比べると上昇の幅は小さくなっています。

大企業と中小企業との早期離職率の差も、以前に比べて縮まっています。両者の差

従業員規模別の早期離職率の推移（大卒）

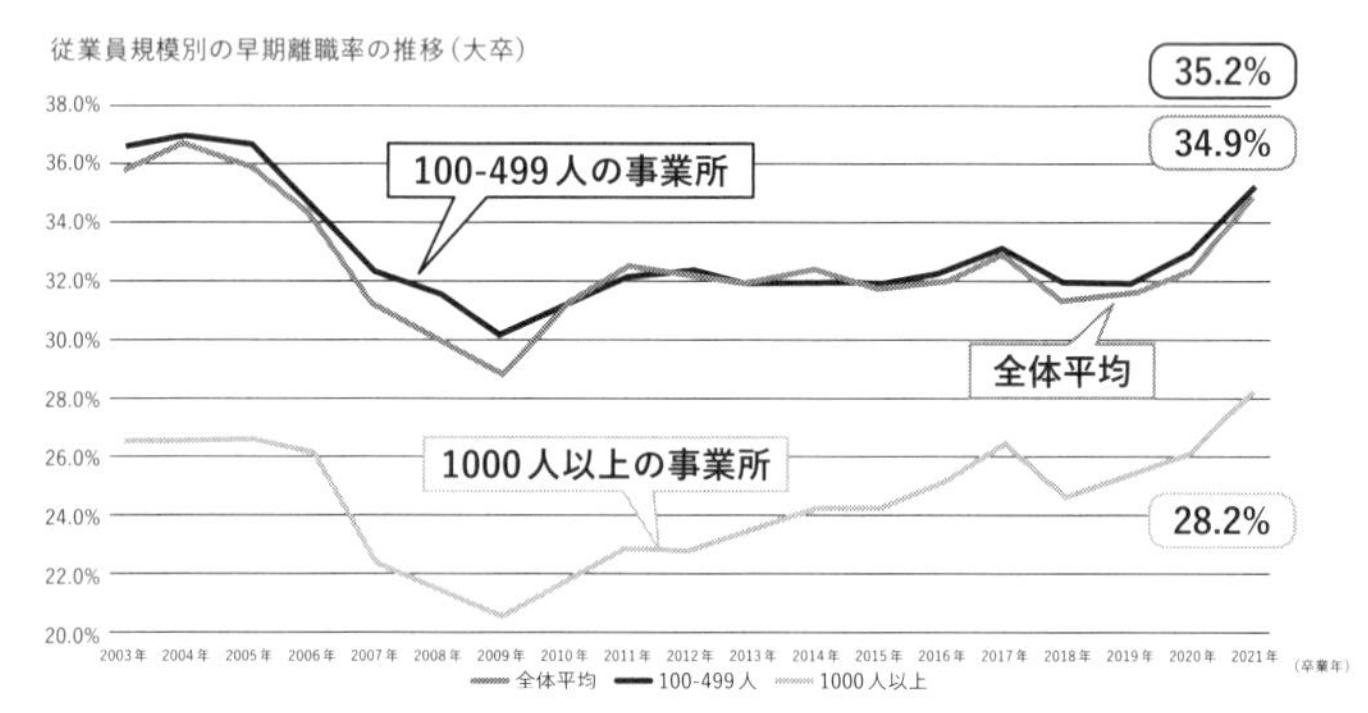

（厚生労働省　「新規学卒者の離職状況」より）

近年の早期離職率　100-499人の事業所（中小企業）と、1000人以上の事業所の差（大卒）

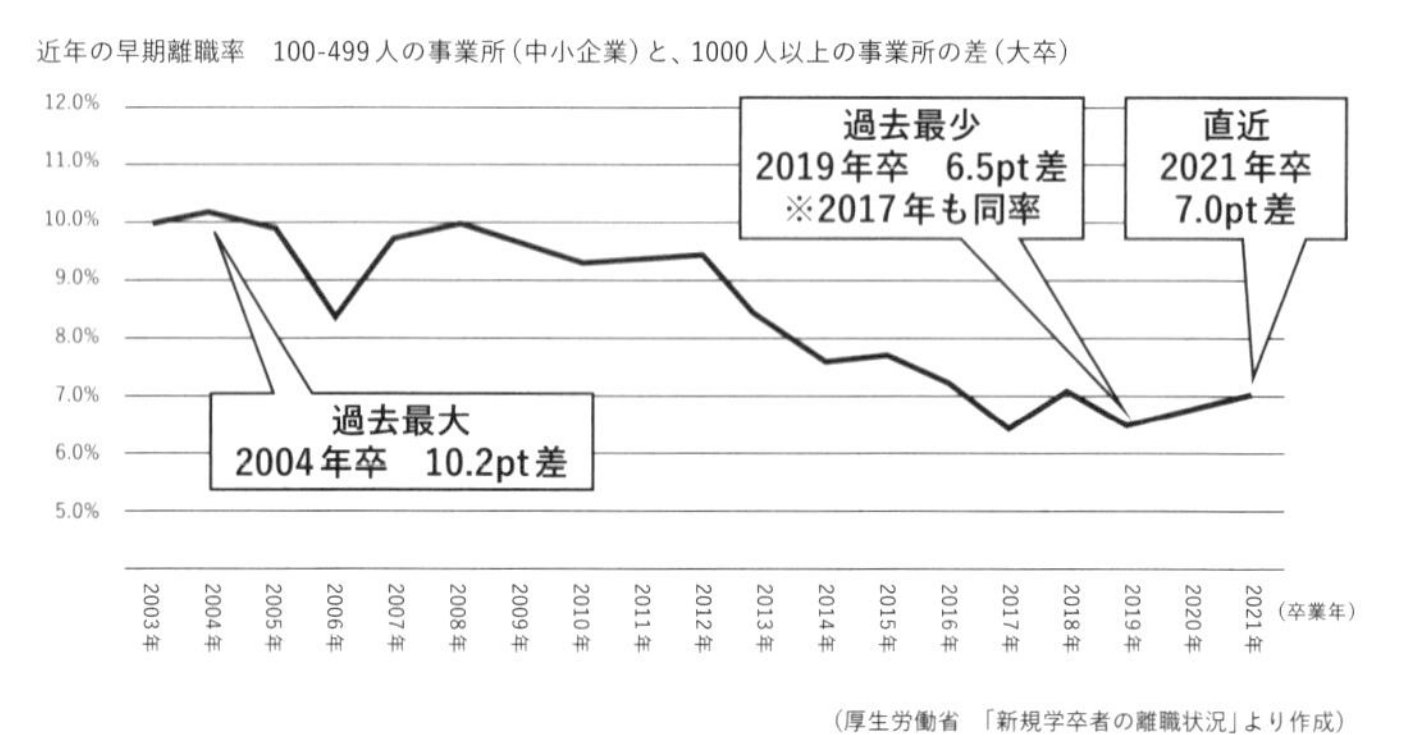

（厚生労働省　「新規学卒者の離職状況」より作成）

は、２００４年卒では10・２ポイント差でしたが、２０１２年以降は徐々にその差が縮まっていき、２０１７年と２０１９年に、過去最少の６・５ポイント差になりました。

直近の２０２１年卒でも７・０ポイント差と、以前より差が小さくなっています。

「将来のエース」が続々とスタートアップへ転職！

では、大企業を辞めた若者たちは、どんな会社に転職しているのでしょうか？

大企業からの転職先のデータはありませんが、私がとある大企業Ｔ社の人事担当者から聞いたお話しをご紹介します。

Ｔ社は就職人気ランキングでも上位の常連で、給料の高さでも知られています。

当然、業界では最大手です。近年では海外売上比率の大きいグローバル企業でもあります。そんなＴ社の人事担当者とお話ししたときに印象的なことを言っていました。

「若手の離職率は若干上昇していますが、それよりも深刻なのが辞める人の質です。正直、以前は配属先で結果を残せなかった人が辞めていくことが多く、転職先も地元の同じ業界の会社とか、同業種の中小企業が多かったです。

でも、最近は違います。採用時から優秀だと感じていて、人事も期待をかけていた社員から辞めています。配属先でも結果を残しているし、周囲からの評判もよい。いわば優秀な幹部候補の社員から辞めていて、社内では危機感を募らせています」

以前は配属先で挫折してしまった人が都落ち的な感じで、規模の小さい会社に転職していくことが多かったのに対し、**最近では配属先でもしっかり結果を残している人が辞めている**というのです。そういう人たちがどんな先に転職しているのか聞くと、大きく3つの転職先があると教えてくれました。

「あくまで私が把握している範囲ですけど、転職先は主に3つですね。まず外資系。やっぱり給料が高いですからね。それとメガベンチャーです。最近大きくなったIT企業とかが多いですね。

最後が、なんとスタートアップです。社員10人とかの会社に転職すると聞いて、驚いたというか心配になりました。給料も相当下がっていると思います。上場すればストックオプションで儲けられるのかもしれませんが、話を聞くと、儲けたいよりも成長したいからベンチャーという意思が強いみたいです」

好待遇の大企業を辞めて、スタートアップに転職するという話は珍しいものではありません。

大手人材会社のエン・ジャパンによる34歳以下を対象にした調査では、2018年から2023年の5年間で、ベンチャー企業への転職は18倍になっています。

早期離職白書のインタビューをしていても「スタートアップに絞って転職先を探していた」という方に会うケースは珍しくはありません。大手を辞めてスタートアップというのは、今やスタンダードな転職先の一つと言っても過言ではないでしょう。

安定を求めているにもかかわらず、大手からベンチャーへ転職するのは、矛盾しているようにも見えます。しかし、実際には**「安定を求めているからこそベンチャーに転職している」**とも言えます。

管理職は過去、若手は現在・未来から「安定」を測る

安定を求めてベンチャーに転職という実態を聞いても腑に落ちない方や、ベンチャー企業なんていつつぶれるかわからない、と思っている方も少なくないでしょう。

しかし、そもそも「安定している会社」とは何でしょうか？

一般的には、業績の変動が少ない会社や、不景気にも強く倒産する危険性が少ない会社を思い浮かべることが多いでしょう。

ただ実際には、そうした大企業での若手の離職率は上昇傾向にあります。

実は「安定している会社」という言葉には、つぶれにくいという意味だけではなく、もう一つ意味があると考えられます。それは「今後も成長し続ける会社」です。

そして、若手社員が思い描いている「安定している会社」というのは、今後も成長し続ける会社を意味していると感じることが多々あります。

企業研修や講演の場面で「安定している会社と聞いて、どんな会社をイメージしますか？」と聞くと、管理職の方々は、業界最大手、電気・ガスなどのインフラ系の会社、金融機関などの企業名があげることが多いです。

一方で、内定者や新入社員に同じ質問をすると、Googleなどのｌｔ企業や、急成長していることで有名なベンチャー企業の名前をあげる方が多いのです。

管理職は過去と現在を見て、若手社員は現在と未来を見て「安定」を考えている可能性があります。

ベテラン社員と若手社員とでは、見ている時間軸が違うのです。

成長の尺度は「会社の外でも通用するか」

見ている時間軸の違いに加え、さらに「安定」についても大きな違いがあります。

それは、会社の安定と個人の安定です。かつての日本企業は、日本的経営の「三種の神器（じんぎ）」として、以下の３つが大きな特徴と呼ばれていました。

①終身雇用
②年功序列
③企業内労働組合

アメリカの経営学者ジェームス・アベグレンが、著書『日本の経営（原題：The Japanese Factory）』の中で指摘したこの３つの特徴は、日本の高度経済成長を支えたと言われます。終身雇用で雇用が守られ、勤続年数が長いほど給料が上がる仕組の中では、社員にとっては「会社の安定は自分のキャリアの安定」であり「会社の成長は自分の収入アップ」でした。

しかし、近年では日本的経営の「三種の神器」は失われたと言われています。

そうなると「会社の安定は自分のキャリアの安定」ではなくなり、当然「会社が成長しても自分の収入は上がらない」ことになります。

会社がキャリアの安定を保障してくれないのなら、自分の力でキャリアの安定を勝ちとろうとするのは当然です。**若手社員にとっての安定とは、会社がつぶれないという意味での安定ではなく、どんなことがあっても自分の食い扶持（ぶち）は自分で確保できる、という安定ではないかと考えられます。**

成長というキーワードも同様です。企業や上司から求められる成長ではなく、会社の外でも通用する力を身に着ける成長を目指しているのだと思います。

ここまでお伝えした通り「安定」と「成長」の意味が以前とは変わってきています。これが、大企業の早期離職率が上昇している理由の一つだと考えられます。

安定志向なのに大企業を辞めているのではなく、安定志向だからこそ、将来を見据えて、成熟しきった大企業からほかの企業へ移る選択をしているのです。

若手の希望を叶えるだけでは離職防止にならない

自分のやりたい方向性での成長を重視する若者に向けて、最近では企業も工夫をこらしています。いわゆる「配属ガチャ」を減らす・なくす努力もその一つです。

配属ガチャとは、入社してみないとどこに配属されるのかわからない、配属されないとよい職場かどうかわからないことを、カプセルトイやソーシャルゲームなどの「ガチャ」(「ガチャガチャ」「ガシャポン」)にたとえた言葉です。

新入社員が「配属先の雰囲気が悪かった」「配属ガチャに外れた＝希望と違う部署に配属された」など「はずれ」と感じることは、企業の立場からすると、早期離職に直結するイメージが強いのです。そのため企業は、配属ガチャ対策に必死です。

たとえば、入社前や内定時に配属を決めて、事前通知する会社も増えてきました。また大企業では、転居を伴う転勤がない地域限定総合職も珍しくなくなってきました。

しかし、それでも早期離職率は下がっていません。むしろ、大企業の早期離職率は上昇傾向です。その理由は「自分のやりたいことができる」の意味に、現在と将来、2つの時間軸が混じっているからです。

若い世代にとっての「やりたいことができる」とは、今すぐにやりたいことができるという意味とともに、将来的に「本当にやりたいことが見つかったときに、やれるだけのスキルを身に着けておきたい」という意味があると考えられます。

本当にやりたいことを見つけたときに、やりたいことができるために重要なのは、社内での評価よりも社外からの評価です。

Z世代の7割以上が「自分の市場価値を上げたい」

社外での評価を表すキーワードが「市場価値」です。キャリアにおける市場価値とは、転職市場での自分の価値、つまり年収のことです。ニーズの多い希少なスキルを持っている人は市場価値が高くなる一方で、実績があっても「他社では通用しにくいスキルしか持っていない」と判断されれば、市場価値は低くなりがちです。

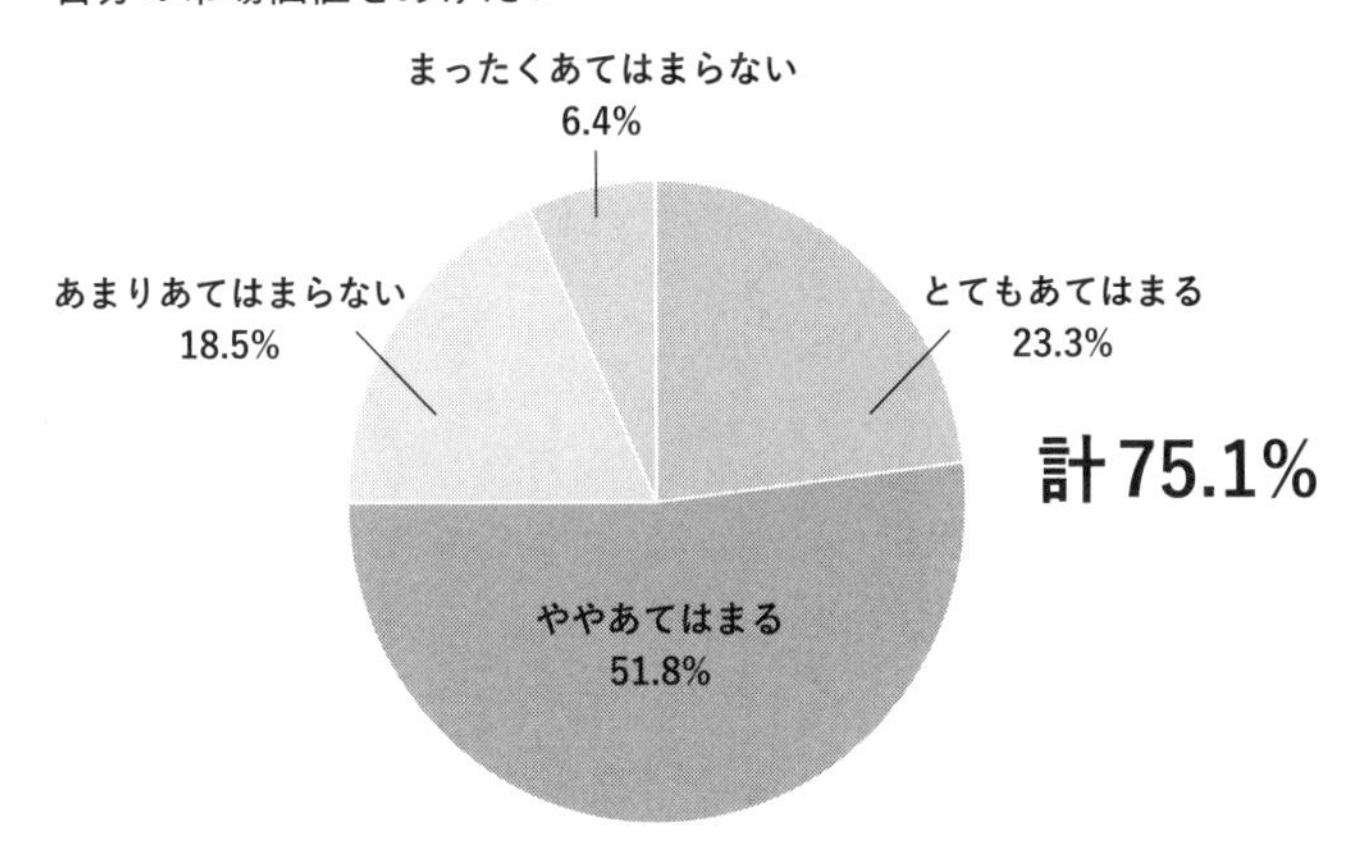

（出典：株式会社SHIBUYA109エンタテイメント「Z世代のキャリア観に関する意識調査」）

では若手社員は、どのくらい市場価値を意識しているのでしょうか。

株式会社SHIBUYA109エンタテイメントの「Z世代のキャリア観に関する意識調査」によると、２０２４年卒・２０２５年卒予定の学生４３８名へのアンケート調査では、75・１%が「自分の市場価値をあげたい」と回答しています。

別の調査結果もあります。新卒採用支援サービスなどをおこなう株式会社ペンマークが、**Z世代３万人におこなった調査では、就職先を決めるうえで重要だと思う項目のトップが「スキルアップや成長の機会が多く、市場価値を高められるか」**でした。ちなみに、２位は「給与・待遇が良いか」です。

転職市場では、前職の給料で転職先の給料が決まるケースもしばしばあるため、最初に高い給与の会社に入りたいと考えている可能性もあります。

「市場価値を高めたい」は、インタビューでも非常によく聞く話です。

私のインタビューでは、最後に「今後の展望」をお聞きするのですが、直接的に市場価値という言葉をつかわなくても、どこに行っても通用する力を身に着けたいという話はよく耳にします。

「今後の展望は？」という質問に対して、ある方の一例をご紹介します。


「どこでも通じるスキルを持っているビジネスパーソンになりたい。自社の商材に依存しないような力です。企業のネームバリューに頼らないように、自分のコミュニケーションの取り方、知識や提案力を身に着けて、お客さんに価値を提供しながら社会を生き抜いていけるように、個人として強くなりたいです」


この方の特徴は、お金のために市場価値を高めたいわけではなく、お客さまに価値提供するために成長したいと言っていることです。

似たようなケースはほかの方でも見られます。市場価値を高めたいという気持ちの源泉が給料を上げたい、とにかく儲けたいという気持ちではないことも、若手の離職原因を知るうえで重要なポイントです。

若手社員が辞める「本当の3大要因」とは？

ここまで、大企業の早期離職率が高まっている事実とともに、その背景についてお伝えしてきました。読者のみなさまは「で、結局、何が理由で辞めていて、どう対策すればいいの？」と思っていることでしょう。

章の冒頭でご紹介した内容の繰り返しになってしまいますが、私がこれまでインタビュー、学校・企業での登壇、コンサルティングなどを通じて、様々な状況を見聞きしてきてわかった「若手社員が辞める要因」は、主に次の3つです。

①存在承認の不足
②貢献実感の不足
③成長予感の不足

辞めた理由としてよく聞く人間関係、給料、やりたいことが見つかったなどは、いずれもこの3つの要因のどれかに属しています。

ここからは、それぞれの要因について解説していきます。

①「存在承認」ありのままの自分を認めてほしい

存在承認とは、読んで字のごとく「自分の存在を承認＝認めてほしい」という欲求です。最近では「承認欲求」という言葉が一般的に広がってきました。両者は似たようなイメージを抱かれていますが、言葉の持つニュアンスは微妙に異なるようです。

承認欲求が満たされない状態は「認めてほしいのに認めてもらえない状態」なのに対し、存在承認の不足とは「組織の中で自分の居場所を感じられない状態」です。

承認欲求よりも、もっと基本的な、人としての存在を認めてもらえていないという状態が、存在承認の不足なのです。

存在承認が不足するケースの典型は、無視や放任です。上司や先輩に話しかけても無視される場合や、ＯＪＴ（On-the-Job Training＝実務を通じた教育）担当者が、何も仕事を教えてくれないなどがあります。

過去にインタビューした方の中には、マニュアルだけ渡されて「来週までに全部覚えておいて」と言われたという人もいました。

初期教育の場面でしっかり関わってもらえなかったことで、存在承認の不足が起こるケースは少なくありません。早期離職者にインタビューすると「とくにＯＪＴとかはなかった」という回答が返ってくることもありますが、そういう会社の採用サイトを見ると「充実の教育制度」「ＯＪＴ担当者が伴走します」などと書いてあることがあります。

リモートワークの普及による存在承認の不足も生じています。フルリモートや出社が月に数回の職場では、リアルで職場のメンバーと顔を合わす機会が少なくなります。

さらに、社内のミーティングは、なぜか暗黙の了解で「カメラＯＦＦがデフォルト」という会社もあります（私の感覚では、主にＩＴ企業が「セキュリティ上の問題」を理由にカメラＯＦＦにしているケースが多いです）。そういう職場に新人が配属されると、先輩たちの顔がわからない事態が起こります。

あるＩＴ企業で、10月に実施した新入社員フォローアップ研修では「入社して半年、配属されて４か月経ちますが、課長とＯＪＴ担当の先輩以外は顔を見たことがない」という若手がいました。

その方は「リモートＯＫだし、ホワイトな職場だと思うけど、自分が職場に認められている感覚は薄い」とも言っていました。

リモートワークの弊害が、意外なところにも現れているようです。

②「貢献実感」仕事の意義をきちんと示してほしい

２つ目の要因が貢献実感の不足です。ここで言う貢献とは、顧客貢献、組織貢献、社会貢献など、幅広い意味を含みます。

顧客貢献ができていないと思うケースの典型は、商材に自信が持てない営業職です。大手金融機関を１年足らずで退職した方は、インタビューでこう答えています。

「投資商品はリスクもあるのに、お客さんを騙して買わせているような気がしていた。上司はとにかく売ってこいしか言わないし、自分が何のために仕事をしているのかわからなくなった」

ほかにも、求人広告の営業職だった方は「このお客さまは、求人広告よりほかの採用

方法のほうがよいとわかっていても、営業としては自社の求人広告枠を売らなければいけなくて、苦しかった」と語っています。商材がお客さまのためになっていると思えない中での営業活動は、貢献実感の低下を招きます。

社会貢献という観点での貢献実感不足も見逃せません。Z世代の特徴として、社会貢献意識が高いとも言われます。そのため、企業がSDGsに力を入れる理由の一つに、採用におけるブランドイメージを高める狙いもあると言われています。

実際、私がインタビューをしていても「就活の軸の一つとして、社会貢献性の高い業界に行きたかった」と回答する若い方は珍しくありません。

採用説明会でも、社会貢献をうたう会社は少なくありませんし、最近ではパーパス経営という言葉もあるように、自社の存在意義を社会にどう貢献するのかと絡めて説明している会社もあります。社会への貢献意識が高い若者は、そういった説明を聞き、この会社ならきっと社会に貢献できるはずと思って入社してきます。

でも、入社後に日々の業務で社会貢献を実感できることがなければ、貢献実感の不足が起こります。実際に、私がインタビューした方の例をご紹介します。

納得できる就職活動ができず、大学を1年休学してまで納得できる就職先を探したY

さんは「心から理念に共感できる会社」という条件で就職先を探します。

その中で出会ったのが、急成長中の人材系ベンチャー企業です。当時社員は約100名。社長が説明会で熱く語る姿を見て感銘を受け、入社を決めます。

運動部出身のYさんは「理念に共感しているからこそ、まずは結果が大切でしょう。1年目は、とにかく結果にこだわって仕事をすると決めていました」という言葉通り、新卒の同期の中でも優秀な成績で、全社表彰をされるほどの成果を残します。

ところが、2年目に入ったあたりから違和感を覚えます。


「1年間仕事をしてみても、説明会のときに聞いたようなビジョンやミッションの話はほとんど聞かないし、人事制度や会社の仕組にビジョンが反映されていると感じるものは、とくにない。1年目によい成績を残したら、2年目はほかの同期よりも高い目標を課せられるだけで、自分のがんばりがどれだけビジョンに貢献しているのかもわからない。社長の語るビジョンに本気で共感しているからこそ、失望してしまいました」

強い社会貢献意識があり、ビジョンに共感して入社した企業だからこそ、失望も大きかったとYさんは語ります。まさに貢献実感の不足です。

最近では、採用時にビジョンや社会貢献を語る会社は多くなっています。

一方で、本気で社会貢献を考えているというよりも、若者に自社を魅力的と感じさせるためのテクニックとしてつかわれているようにも思えます。そういった企業の姿勢が、貢献実感の不足を招いている面もあるのではないでしょうか。

③「成長予感」理想のキャリアに最速で到達したい

３大要因の最後は成長予感です。

今の職場で今の仕事を続けることで、なりたい自分になれると思えることが成長予感です。逆に、今の職場では将来が見えないとか、なりたい自分になれないと思えば成長予感が不足している状態です。

私の経験上、**大企業を辞めているケースで、最も多いのが成長予感の不足**です。

大企業の場合、配属ガチャの問題や、想像以上に旧態依然とした企業風土、実力主義と言いながらも年功序列の雰囲気が残っているなど、成長予感を阻害する要因がいくつもある企業は少なくありません。

また、いくら人手不足だとは言っても、大企業の採用倍率は依然として低い状態です。厳しい採用選考を勝ち抜いてきた新入社員の中には、成長意欲にあふれている人もたくさんいます。

会社にとっては、将来を担ってもらう貴重な人材ですが、そういった成長意欲の高い人ほど、成長予感不足で辞めてしまう可能性は高いです。

成長予感不足の例をご紹介します。都内の有名私立大学を卒業し、大手ＩＴ企業にビジネス職として入社したＡさんの事例です。

Ａさんが入社したのは、誰もが知る大手ＩＴ企業です。年代に関係なく、誰もが一度はつかったことがあるであろう有名なサービスを展開している会社に、ビジネス職、いわゆる文系総合職として入社し、３年で辞めています。

辞めた理由について、Ａさんは次のように語っていました。

「社内を見渡したときに、心の底からあこがれるとか、尊敬できると思える人がいませんでした。自分が30歳になったときになりたい姿の人がいなかったんです。部分的にはカッコイイと思える人はいたけど、30歳の自分を思い描いたときに、なりたいと思える人がいませんでした」

いわゆる「ロールモデル」になるような先輩がいなかったことを、退職の理由としてあげています。

Ａさんが勤めていた会社は、世間的にはメガベンチャーと呼ばれる会社です。起業家も多く輩出しています。

同時に、働きやすい職場としても有名で、メディアにもたびたび紹介されているような会社です。外国籍の社員も多数在籍しており、多様性のある会社としても知られます。一見、非常に恵まれた環境に思えます。

しかし、そんな会社にいても「なりたいと思える先輩がいなかった」とＡさんは語っていました。その一因と考えられるのが、大企業ならではの事情です。

Ａさんは続けてこんなことも話しています。

「（先輩たちは）30歳くらいだとマネージャーの人は少なくて、ほとんどがプレーヤーです。大学の同期でベンチャーやスタートアップに行った友人は、３年目でマネージャーとか事業部長とかになっている人もいたので、この会社では自分の思い描いたスピード感で成長できない、と思ったのも辞めた理由の一つです」

出世のスピードや若手の抜擢の有無が、Aさんにとっては大きな要因だったようです。Aさんの会社は、おそらくほかの日本の大企業と比べれば、若いうちから仕事を任せてもらえる環境ではあったでしょう。それでも、Aさんにとっては遅すぎたのです。

大企業に成長予感不足が多い原因の一つは、成長のスピード感です。

いわゆる「上が詰まっている」状態では若手の抜擢はしにくく、また、いまだに年功序列的な雰囲気が残っている会社も少なくありません。

若手社員の離職対策として「若手の成長を支援する」などの項目が上がる会社は多いですが、その際には成長のスピード感という視点も重要です。

第1章のポイント

- ✓今の若者にとって「安定」は大切な要素だが、企業が考える「安定」とは意味合いが違う。企業は「つぶれない会社＝安定」と考えるのに対し、若者は「食いっぱぐれない＝安定」と考える
- ✓「今どきの若者はすぐ辞める」は間違い。むしろ20年前より離職率は減っている

✓大企業に期待されて入った「将来のエース」が、続々とスタートアップへ転職する理由も「安定（して自分が成長すること）」を求めているから。今や7割以上の若者が「自分の市場価値を上げたい」と考えている

✓若手社員が本当に辞める理由は次の３つ

①存在承認（ありのままの自分を認めてほしい）の不足

②貢献実感（仕事の意義をきちんと示してほしい）の不足

③成長予感（理想のキャリアに最速で到達したい）の不足

第2章

的外れな離職防止策を正す

～企業が陥る負のスパイラルを止める

そもそも「社員が辞める原因分析」を間違えている

若手社員が辞める理由の3大要因が「存在承認」「貢献実感」「成長予感」のいずれかの不足によるものであることは、第1章でお伝えしました。

3大要因は概念的な考え方なので、実際の辞める理由はもっと細かくわかれます。インタビューをしていても、本当に十人十色の理由で辞めています。

企業が離職対策を考えるにあたっては、まず自社の若手社員がなぜ辞めているのか、その理由を知ることが重要です。

問題を解決しようと思ったら、問題の原因を突き止めなければいけないのは当然ですが、**実際には原因を突き止めずに「他社がやっているから」とか「流行っているから」という理由で離職対策を実施している企業もある**のです。

また、最近では離職対策に効果があることをアピールする人材系のサービスも増えています。採用支援のサービス、企業研修、タレントマネジメントシステム、組織サーベイ、ピアボーナスツール、1on1の支援ツールなど、多くの人材系、組織系サービスが「離職対策に効果的」とうたっています。

離職対策に効果があるサービスが多いことは歓迎すべきことですし、それぞれのサービスには素晴らしいものもありますが、残念ながら万能なツールは存在しません。**自社の状況に合った対策をしなければ、多大な時間とお金をつかったのに効果がなかったということも起こり得ます。**本章では、離職対策のための原因分析、対策立案の考え方とともに、よくある失敗例などもご紹介していきます。

的外れな離職防止策のもとになる「安易な若者論」

的外れな離職対策を実行してしまう原因の一つが「若者の気質の変化」に辞める理由を求めてしまうケースです。

本書でもつかっていますが、最近の若者を表す言葉として「Z世代」があります。主に1996年～2012年ごろに生まれた世代と言われますが、明確な定義はありません。そんなZ世代の特徴として、よく耳にするのが「承認欲求が強い」「社会貢献意識が強い」「コスパやタイパを重視する」「やりがいを求める」「失敗を恐れてチャレンジをしない」などです。

これらのZ世代の特徴を、そのまま辞める理由と紐づけて対策すると失敗します。

たとえば、Z世代の「コスパやタイパを重視する」特徴に着目し、新人の残業を禁止にして、管理職が新人を飲みに誘うのも控えるようにしたとしましょう。一見、若者の気質に合っているようにも思えます。

しかし、こんな職場に配属された新人が「配属先に馴染む機会が欲しかった」「上司や先輩は忙しそうなのに、自分だけはのけ者にされている気がする」などの不満を持っているケースがあります。

実際に私がインタビューしたケースでは、こんな意見がありました。

「配属2日目にオンライン飲み会があったんですけど、顔を隠してミュートになっている人が多かったです。社内では画面オフにしないといけないルールがあって、打ち解ける機会がなくてつらかったです」

（国立大学大学院卒業、大手ＩＴ企業を1年9か月で退職）

ほかにも、若手社員の業務負荷が大きくなりすぎないように配慮したことが、逆効果になってしまうケースもあります。

「新卒の離職率が高いのは、営業がきつすぎるからという声があったみたいで、入社後に突然『1年目は営業禁止』の通達が出ました。もともとは『配属初日からガンガン新規営業してもらう！』と言われていて、自分もそのつもりだったのに驚きです。（『会社がどうなっていたら辞めなかったと思うか？』という質問に対して）とにかく営業をさせてもらえれば辞めなかったと思います」

（地方私立大学卒業、証券会社を6か月で退職）

Z世代の傾向や、若者が会社を辞める理由については様々な調査があり、それらを見れば一定の傾向をとらえることは可能です。

けれども、すべての若者が、同じ考え方であるはずがありません。

安易な若者論をもとに、自社の若手社員の考え方を勝手に決めつけて、おざなりの「若い人はこういうのが好きなんでしょ」と言わんばかりの対策だけでは、効果は期待できません。

満足度は「動機づけ要因」と「衛生要因」で決まる

安易に最近の若者の傾向から辞める理由と対策を考えてはいけないのなら、どうしたらいいのかと悩んでしまう方も多いでしょう。

そんなときにヒントになるのが「ハーズバーグの二要因理論」です。これは、職場の満足度を決める要因が2つ（二要因）あるとする理論です。

しかも、その2つの要因は、まったく別の性質を持ちます。

1つ目は「動機づけ要因」と呼ばれ、この要因が満たされるほど満足感が生まれます。具体的には、仕事の達成感や仕事のやりがい、責任ある仕事を任されている感覚などです。

2つ目は「衛生要因」と呼ばれます。この要因が充実していないと、職場に対して不満が生まれる反面、充実していても満足感にはつながりません。

具体的には給与や職場の物理的環境、労働条件、人間関係などがあげられます。給料が安すぎれば不満が生まれますが、給料が高ければ高いほど社員が満足するわけでないのは、みなさんもイメージできると思います。

衛生要因が満たされている状態であれば、会社に対しての不満は生まれにくいです。一方で、動機づけ要因が満たされていなければ会社に対して満足も感じません。

若手社員が会社を辞める理由は、不満があるからとは限りません。

不満はないけど、満足できる要素がないとか、働き続けたいと思えないという理由で辞めるケースは少なくありません。いくつか例をご紹介します。

「総合的に大きい不満はなかったのですが、20年目の人たちを見ても、なりたい姿じゃなかったんです。課長や部長は尊敬できる人でしたが、そういう人は少なくて残念な気持ちでした。入社したときのイメージとはギャップがありましたね」

（京都大学大学院卒業、大手食品会社の研究職を１年９か月で退職）

「上司に対する不満は一切なかったです。人間関係には恵まれていたなと思います。会社は通勤時間を配慮して配属先を決めてくれるので、配属先もほぼ予想通りでした。

（辞めようと思ったきっかけは）30代の先輩社員が、自分とまったく同じ仕事をしている姿を見て『10年経っても同じ仕事をしているのか』と思うと、辞めようと思う気持ちが強くなってきて、そのタイミングで転職サイトに登録しました。

「今冷静になって考えると、辞めなくてもよかったかもと思いますね」

（早稲田大学卒業、生活関連サービス業の営業職を1年2か月で退職）

ご紹介した2名の方は、いずれも大企業に勤めていました。給料も一定水準以上で、福利厚生も整っている企業です。人間関係も悪いわけではありません。

けれども、将来この会社で働き続けている自分がイメージできないから辞める。そんなケースがインタビューをしているとたくさんあります。

企業の経営者、人事、上司からすると「大きな不満はないけど辞めた」と言われると、どんな対策をすればいいのかわからないと感じるかもしれません。

そんなときにハーズバーグの二要因理論を思い出してください。不満がないだけで満足を生み出せていないのであれば、必要なのは動機づけ要因を高めることです。

「ナインボックス」で企業のタイプ別離職理由を探る

ハーズバーグの二要因理論を少し応用することで、企業のタイプを9つに分類することができます。

ナインボックス

高 ↑ 動機づけ要因 ↓ 低

やりがい搾取	キラキラベンチャー系	ホワイト企業
グレーゾーン	平凡企業	大企業病
ブラック企業	ぬるま湯	ゆるブラック

低 ← 衛生要因 → 高

9個の箱に分けるようなイメージなので、私は「ナインボックス」と呼んでいます。

ナインボックスへの分け方はシンプルです。縦軸に動機づけ要因、横軸に衛生要因を置きます。縦軸が上に行くほど動機づけ要因が満たされた状態。横軸が右に行くほど衛生要因が満たされた状態です。先ほど例に出した、動機づけ要因は高くないけど衛生要因は高い場合には、右下の「ゆるブラック企業」となります。

講演会などで、自分の職場がどこになるのかに○をつけてもらうと、おもしろい現象が起こります。同じ職場に勤めている人でも、まったく違う箇所に○をしていることがあるのです。

また会社によっては、若手社員とマネジメント層で○をつける箇所の傾向が違っていたり、営業部と管理部などで正反対の位置に○をつけていたり、ということが起こります。同じ職場に勤めていても、立場が違えば感じ方は異なるのです。

もちろん、ほとんどの社員が同じような場所に○をつける会社もありますが、**経営陣や人事部だけで若手の離職対策を考えても、見当違いな内容になってしまう原因はこういう部分にもある**と言えます。

私の感覚としては、大企業ほど右下のほうに○をつける傾向が強く、事業規模を拡大している会社は左上に○をつける傾向があります。

また、中小企業は会社によって傾向は様々ですが、歴史の長い会社ほど下のほうに○をつける傾向があります。

ナインボックスは、いわゆる組織診断サーベイなどとは異なり、細かく職場の状況をスコア化するものではありません。あくまで自社（職場）の傾向を知るときにヒントとなる概念的な考え方です。

簡易的ではありますが、自社の傾向が動機づけ要因と衛生要因のどちらかに偏っていないかを知ることで、離職対策の問題点を浮き彫りにしやすくなります。

福利厚生を充実させた大企業の失敗

大企業はナインボックスの中でも、右下の「ゆるブラック」の近くに○をする方が多いとお伝えしました。そういった会社でよくある離職対策の失敗例は、衛生要因を高める施策ばかりになってしまっているケースです。

ゆるブラック企業に必要なのは、動機づけ要因を高めることであり、衛生要因を高めることではありません、にもかかわらず、衛生要因を高める施策ばかりになってしまうのには理由があります。**衛生要因を高める施策ばかりになってしまうのは、動機づけ要因を高める施策に比べるとわかりやすく、導入しやすいものが多いからです。**

たとえば、初任給アップや手当の増額などは、やることもわかりやすく、反対する人も少ないので、会社としては導入に踏み切りやすいです。

とくに大企業の場合、一つの企画を通すのに、何人もの関係者の承認が必要なことも多く、反対意見が出にくい衛生要因寄りの施策が多くなりがちです。

一昨年、ある大手金融機関の転勤手当がニュースになりました。

転居をともなう転勤の社員に対して、引っ越し料金などとは別に、手当として50万円を支給する制度を開始したという内容です。

インターネット上で見たニュース記事には「この施策の実施には離職対策にも効果的という狙いもある」という趣旨の記述がありました。この施策がどういう結果になるのかはわかりませんが、離職対策という意味では、あまり機能しないような気がします。大手金融機関の場合、衛生要因よりも動機づけ要因が不足している可能性が高いです。けれども転勤時の手当増額は、典型的な衛生要因を高める方法だからです。

ほかにも、企業の人事担当の方とお話しすると「希望通りの部署に配属しても、2〜3年で辞めてしまう」とか「残業時間は昔に比べると格段に少なくなっているのに、若手の離職率は高くなっている」という話も聞きます。

これらの失敗事例の多くは、すでに衛生要因はある程度満たされている会社で、さらに衛生要因を高めようとしていることが原因です。

もちろん、給料アップや残業時間の削減などは素晴らしいことですし、どんどん推進してほしいと思っています。ただし、それらは、衛生要因を高める施策でしかありません。動機づけ要因が低い会社がやるべきことではないのです。

「やりがい」と「成長」を重視した中小企業の失敗

衛生要因よりも、動機づけ要因が高い職場というのも存在します。急成長中のベンチャー企業で制度が整っていない場合もあれば、動機づけ要因を高めることを重視するあまり、衛生要因を重視しない風土が醸成されている会社もあります。

また、衛生要因の中でも給料だけが高く、労働時間が長く休みもとりにくいため、総合的に見ると衛生要因が高くない会社もあります。

動機づけ要因を高めようとして失敗する大きな原因の一つは、衛生要因と比べると、動機づけ要因は具体化、定量化が難しいことがあげられます。

衛生要因を高める対策としては給与アップ、残業時間削減、職場の物理的な環境の整備（たとえば、新しく綺麗なオフィスに移転するなども含みます）などがありますが、どれも具体的に何をすればよいのかがわかりやすいです。

一方で、動機づけ要因を高める方法は、やりがいアップ、仕事を通じた達成感の醸成、仕事での裁量権の拡大などがあると言われますが、具体的にどうすればよいのかわかりにくいのが難点です。何にやりがいは感じるのかは人によって違いますし、仕事の裁量権の拡大も人によっては放任されていると感じる可能性もあります。

動機づけ要因は、人によって解釈の幅が大きいため、経営陣が動機づけ要因を高める施策と思っていても若手社員には、まったく響いていないということが起こり得ます。

「今の若い世代は仕事にやりがいを求めない」と思っている方も少なくありませんが、意外とそうとも言い切れません。**「仕事にやりがいを求める層」と「仕事にやりがいなんて求めない層」が二極化しています。**

リクルートワークス研究所の古屋星斗氏は、著書『なぜ「若手を育てる」のは今、こんなに難しいのか』（日本経済新聞出版社）の中で、世代別の意識調査結果を見ると、10代はほかの世代に比べて「どちらでもない」の回答率が低いことを指摘し「Z世代は二極化している」と述べています。

同著によると、たとえば「自分ひとり、または誰かひとりが褒められるのは、好きではない」という質問に対して「どちらでもない」と回答したのは、各年代別で以下のようになっています。

10代　34・0％　／　30代　40・9％　／　40代　47・5％

また、将来の就職先に関しても「将来は、大企業で働きたい」「将来は、独立・起業したい」「将来は、ベンチャー企業で働きたい」のすべての項目で、10代はほかの世代よりも選択者が多いことも同著の中で述べられています。

この調査結果だけ見れば、若者は「大企業志向の人が多い」「ベンチャー志向の人が多い」「独立・起業したい人が多い」という意見はどれも正しく思えます。

しかし、**本質的な若者の実態は、古屋氏も指摘している通り、大企業で安定して働きたい人と、ベンチャー企業で成長したい人や独立・起業したい人が二極化している**のではないでしょうか。

価値観の二極化の中で、やりがいや成長を求める人を採用しようと、仕事のやりがいをアピールして、採用活動をしている企業は少なくありません。ただし、やりがいという言葉は非常に厄介です。人によってやりがいの種類は違います。

そのため、会社も個人もともに「やりがい重視」のはずなのに、関係性がうまくいかないケースも少なくありません。会社もやりがい重視をうたい、求職者もやりがい重視で仕事を選んだものの、早期離職した事例をご紹介します。

Tさんは、組織コンサルティングの業務内容と、社員の成長支援が手厚いことに魅力を感じ、地元の中堅企業に入社しました。

内定者のうちから「自己成長のため」という名目で、毎月5～10冊の課題図書とレポート提出を求められ、土日も当たり前のようにメールが来る環境だったと言います。

上司に業務が忙しいことを相談すると「お客さまに貢献するためには、私たちはそれ以上の自己研鑽（けんさん）が必要なんだ」と返答されたそうです。

おそらく、Tさんの上司は仕事にやりがいを感じているのでしょう。**Tさんも「上司はすごい人だった」と述べています。同時に「私はあの上司みたいにはなれないと思いました」という正直な気持ちも伝えてくれました。**

経営者や管理職のやりがいや成長感を押しつけてしまうのは、動機づけ要因を高めようとするときにありがちなパターンです。

「ビジョンに共感した」を裏切る急成長企業の失敗

大企業だけではなく、組織拡大をしている急成長中のベンチャー企業でも、早期離職は起きています。

最近では、若手社員の希望の入社先が、大企業からベンチャー企業に移りつつあるとも言われますが、実際にはベンチャー企業も早期離職問題に苦労しています。

最近の採用トレンドの一つが、企業のパーパスやビジョンを前面に打ち出した採用です（ここでは、パーパスとビジョンの違いについてはあえて言及しません）。

これを、私は「ビジョン型採用」と呼んでいます。企業の存在意義であるパーパスや企業が目指すビジョンを採用におけるメインメッセージとすることで、パーパスやビジョンに共感する人たちを採用します。

株式会社学情の調査によると、就活生の約6割は「就職活動において『パーパス』を知ると志望度が上がる」と回答しており、採用においては一定の効果はありそうです。労働条件や働きやすさ、会社の安定性などをメインメッセージにする採用とは一線を画した方法で、会社の価値観に共感している人を採用できることから、企業にとっても個人にとってもよい採用のように思えます。私自身もビジョン型採用には賛成です。

しかし、残念ながらビジョン型採用を悪用する会社もあります。採用のためにビジョンをつくっているような会社です。

そういう会社では、採用のときに何度も何度もパーパスやビジョンを伝えます。

一緒にビジョンを実現するために入社してほしいと強く訴えます。

でも、入社してみたら「そんな話は聞かない」なんてこともあるのです。

第1章でご紹介したYさんの例をご紹介します。

自分が何をやりたいのかわからないまま就職活動をするのが怖いと思ったYさんは、就活を前に1年間休学します。

休学してもやりたいことは見つからなかったものの「社会貢献」というキーワードを大切にしたいと考え、人材ビジネスの会社に就職し、新卒の人材紹介を担当していました。ところが、1年7か月で退職しています。

Q．就職先を決めた理由は？

「組織開発や人材系の会社から内定はいくつかもらいましたが、入社を決めた理由は、会社の規模が当時100名くらいと比較的小さかったことと、社長が〝社会課題の解決〟をうたっていたからです。学生時代から、ボランティアサークルやNPOなどに関わっていたので、社会課題解決につながるビジネスをしたいという思いがありました」

Q．退職を考えたきっかけを教えてください。

「当初『1年間はまず営業数字をひたすら追ってみよう』と決めました。もともと数字よりも感情を重視するほうだったので、あえてそうしました。

1年目が終わって、目標も１２０％達成したときに『違うな』と思いました。人材紹介は、学生がもう少しがんばれば入社できそうな会社を紹介し、チャレンジしてもらうより、確実に内定が出る会社に〝うまく〟いってもらったほうが数字は上がるんです」

Q．退職を決意した理由を教えてください。

「一つは、社長は社会貢献を会社のミッションに掲げているけど、それがサービスや会社の仕組に落とし込まれているわけでもなく、結局は数字ばかり追っていてポリシーがないなと感じたことです。

もう一つは、このままここで働いても、自分に力はつかないと思ったことです。売上をつくっても『これは本当に自分の力でつくった売上か？』という思いがありました」


社会課題の解決をうたっていた社長に魅力を感じて入社したものの、入社してみたらひたすら数字を追わされる毎日で、社会貢献がサービスや会社の仕組に落とし込まれていないというYさんの話は、決して珍しいものではありません。

似たような話をインタビューで聞くことは結構あります。これらは貢献実感の中でも、社会貢献の実感の不足です。

もう一つ、Yさんの場合は、新卒の人材紹介における問題点として「学生がもう少しがんばれば入社できそうな会社を紹介し、チャレンジしてもらうよりも、確実に内定が出る会社に〝うまく〟いってもらったほうが数字は上がる」とも述べています。

人材紹介における直接の顧客は企業ですが、学生との面談などをする立場であれば、学生も一種の顧客です。本当に顧客（学生）のためになる行動よりも、売上を優先せざるを得ない状況や、その状況を放置する組織では、顧客への貢献実感は不足します。

パーパスや理念が絡む早期離職には、強く理念に共感したからこそ、辞めてしまうケースも少なくありません。本人は理念に共感しているのに、ほかの社員が理念に共感していないケースです。

インタビューの中からいくつか例をご紹介します。

「（辞めた会社は）すごく仲のよい会社だったと思います。唯一イヤだったのは、誰も会社の理念に共感していなかった点です。採用面接でも理念に共感したと伝えたら、社長から『イマドキだね』と言われました。理念をつくった背景を聞いても『ノリだよ』と言われ、ほかの人の入社理由も、理念ではなくてインセンティブの高さでした」

（関東の私立大学卒業、外国人就労支援の会社の営業職を1年1か月で退職）

「会社のビジョンを好きな社員は多いけど、社員一人ひとりがビジョンを持っているかというと、持っていない気がしました。社会をどうしたいかというより、個人がどうなりたいかを考えている人が多いのは、学生時代のNPOとは違う部分だなと思います」

（青山学院大学卒業、コンサルティング会社のテレアポ業務を6か月で退職）

周囲の人との理念やビジョンへの共感度合いの違いに失望し、辞めるというケースは少なくありません。

ここまでご紹介した例は、ベンチャーや中小企業が多いですが、大企業でも同様のことが起こっています。

大企業の中には、SDGsへの取り組みを社会貢献活動としてアピールしている会社があります。Z世代は、社会貢献意識が高いと言われていることもあり、採用活動でSDGsへの取り組みを訴求することは効果的に思えます。

しかし、入社後に仕事を通じて、ＳＤＧｓへの取り組みを実感できる場は多くはありません。年に数回の社内報で知らせてくれればいいほうで、会社のホームページにひっそりとレポートがアップされている以外には、社員が自社のＳＤＧｓの活動状況を知る方法がないケースもあります。

こんな状態では、貢献実感不足が起こって当然です。

離職原因はあらゆる方法と視点から探り尽くす

離職対策は会社の状況に合わせた実施が重要ですが、若手社員がなぜ辞めるのか見当がつかない場合は、次の３つの方法がおすすめです。

①退職者インタビュー
②社員へのアンケート
③エンプロイージャーニーの整理

最も効果的なのは、退職者（退職予定者）へのインタビューです。最近では「ＥＸＩＴインタビュー」とも呼ばれます。すでに辞めた人や、辞めるのが決まった人へ30分〜60

分程度のインタビューをおこないます。インタビュアーは、人事部門が担当することが多いですが、最近では外部のプロに委託するケースもあります。当社でも、離職原因把握のために、インタビューを委託いただくことがあります。

インタビューを外部委託することのメリットは、品質の安定と手間の省略です。一方で、社内用語や微妙な言葉のニュアンス、発言の背景などが理解しきれない可能性もあります。社内の方であれば社内用語などにも精通しているので、言語化がされていない発言の背景部分まで理解できるなどのメリットがあります。

コストや手間、自社の雰囲気（人間関係が希薄で、人事部門に対しても本音を話す可能性が低そうなど）、インタビュー対象人数などに応じて、内製化するのか外部委託するのかを判断することがおすすめです。

退職者にインタビューしても本音はわからない

社内の人間が退職者インタビューをするときには、非常に大切な心得が一つあります。それは「すべての本音は聞けないことが前提」であることです。企業側としては「もう辞めた（辞める）のだから、本音で話してくれるだろう」と思っているかもしれませんが、会社に本音を話せる状態であれば多くの場合、退職しません。

いくら利害関係がなくなった元勤務先企業や、または辞めることが決まった企業に対してであっても「会社に本音を話したくない」と考えている人はたくさんいます。そんなときにインタビューの中で「本音を話して」と言っても効果は薄いでしょう。

少しずつ距離を詰めて本音を話してもらうようにするとか、本音は聞けなくても仕方ないという前提で臨むなど、退職者面談をおこなう側の意識も大切です。すべての本音を聞けるとは限らないですが、退職者インタビューの３つのコツをおさえておくことで、インタビューはスムーズに進みます。

ポイント①「退職理由は本人もうまく言語化できていない」という姿勢で聞く
ポイント②事実と意見を分けながら聞く
ポイント③辞めたいと思った「きっかけ」と「決め手」を分けて聞く

私は２０１１年以降、多くの早期離職者へインタビューしてきました。その数は３００名を超えます。その経験から、一つ確信していることがあります。
それは**「人は自分が会社を辞めた理由を意外とわかっていない」**という事実です。

人の記憶はあいまいです。インタビューを進めているうちに突然「今、思い出したんですけど、実は……」と言われることも珍しくありません。

また、**意外と厄介なのが、転職活動で「辞める理由」を何度も人に伝えた経験のある人**です。多くの場合、転職活動の面接などで伝える「辞める理由」は建前です。嘘はついていなくても、本音の部分を隠していることは珍しくありません。

さらに厄介なことに、転職活動で何度も「自分はなぜ今の会社を辞めるのか」を口にしているうちに、本人も建前を本音だと思い込んでしまっていることもあります。

そういう人は、インタビューでも転職活動用の「辞めた理由」を述べ始めます。一見、理路整然として筋が通っているように聞こえますが、必ずどこかにほころびがあります。「退職理由は本人もうまく言語化できていない」という姿勢でインタビューをすることは、建前だけの退職理由への対策としても有効です。

「事実と意見」「きっかけと決め手」は分けて聞く

2つ目のコツの「事実と意見を分ける」はインタビューの基本です。

たとえば、インタビューで「残業時間が多かった」と言っていた場合、具体的に何時間の残業時間があったのかを聞く必要があります。人によっては月平均10時間で多いと感じる人もいれば、毎月40時間の残業でも多くないと感じる人もいます。相手の意見を、そのまま事実として鵜呑みにせずに、本当の情報を聞くことが重要です。

最後のコツの「辞めた理由は『きっかけ』と『決め手』に分けて考える」が、最も大切であると同時に、最も見落としやすい観点です。

多くの人は、会社を辞めたいと思っても、すぐには辞めません。2024年2月26日の日本経済新聞に**「転職希望1000万人の実態は？　35%賃金増、87%足踏み」**というなかなかインパクトの強い見出しの記事が出ました。

記事の内容をざっくり要約すると「転職希望者が初めて1000万人を超え、転職した人の35%は給料がアップしている。転職希望者は多いが、そのうちの約87%は転職を考えてから1年以上転職していない」という内容です。

なお、転職希望者1000万人超えは、総務省の「労働力調査（詳細集計）の2023年平均結果」、転職希望者のうち約87%が1年以内に転職していないというデータは、リクルートワークス研究所の「全国就業実態パネル調査」によります（https://www.works-i.com/research/project/mobility/column1/detail001.html）。

転職を考えてもすぐには転職しないというのは、私がインタビューをしていての感覚とも合致します。多くの人は、会社に違和感を覚えてからも仕事を続け、何かの出来事が決め手になって退職を決意します。

会社を辞める理由には「きっかけ」と「決め手」があるのです。だから、この2つは分けて考える必要があります。

「きっかけ」とは、会社に対して最初に違和感を覚えた瞬間です。この時点では辞めようとまでは思わないまでも、ちょっとモチベーションが下がったとか、少しだけ会社に対して不信感を覚えたとか、そのくらいの内容です。

決め手は文字通り「この会社を辞めよう」と決断することになった出来事です。会社を辞めるのも、それなりにストレスがかかる行動なので、何か決め手がなければ簡単に辞めようとは思わないものです。なかには、転職先が決まったことが決め手になったというケースもあります。

辞めるきっかけが発生してから決め手までのあいだを、私は「モヤモヤ期」と呼んでいます。前出の日経新聞の記事の中で、87%の人が転職を考えても1年以上転職しないと書かれていましたが、その期間がまさにモヤモヤ期です。

なかには、入社前からモヤモヤ期に突入しているケースもあります。

「実は入社前の内定者懇親会や内定者LINEを見ているときから、もしかしたら自分には合わないかもとは思っていました。先輩たちは仕事のやりがいとして成約になった瞬間とかアポがとれた瞬間の話をしていましたが、自分はその瞬間になってもやりがいを感じられるとは思えませんでした」

（東洋大学卒業、求人広告営業の会社を2か月で退職）

この方は、入社前のモヤモヤから入社後2か月で退職されていますが、モヤモヤしたまま2年以上働き続ける方もいます。私が早期離職者インタビューと同時におこなっているアンケート調査だと、モヤモヤ期の期間は3か月〜6か月程度が最も多いです。日経新聞の記事（1年以上が87％）に比べると期間が短いのは、新卒入社3年以内という属性の違いに起因するものだと思われます。

モヤモヤ期は、会社への不満に気づきやすい時期です。アンケートなどで、辞めた会社に対しての不満を聞くと、モヤモヤ期に感じた会社への不満が多く選ばれます。結果的に、辞めた人が不満を抱えていた内容は、給料と人間関係に集中しがちです。

給料はもっと高い会社を探せばキリがなく、人間関係にまったく不満のない状態で仕事をしている人のほうが少ないでしょう。給料と人間関係は、不満の要素を完全になくすのは至難の業です。

一方で、私がこれまでインタビューをした中で、給料がきっかけや決め手になっている人は数人しかいません。不満を抱えていることと、辞めるきっかけや決め手になっていることは、必ずしもイコールではないのです。

先ほど「人は自分が会社を辞めた理由を意外とわかっていない」とお伝えしました。当然、きっかけと決め手も、本人は整理できていません。

だからこそ、インタビューでは「辞めた理由はなんですか？」と聞くのではなく「会社に対して、最初に不信感を覚えたのはどんな出来事でしたか？」と、きっかけを聞きながら、時系列で起きたことを整理しつつ「退職届を出そうと決意したのはいつでしたか？」などの聞き方をするのがおすすめです。

事例紹介①「あこがれる上司や先輩がいない」

ここからは、実際にカイラボがおこなったインタビューから、早期離職した人の生の声をご紹介します。

インタビューは、２０１１年～２０１５年ごろまでは私一人でおこなっていましたが、２０１６年以降はほかのメンバーや提携パートナーが実施していることもあります。そのため、質問の仕方や話しの進め方は人によって若干差があります。

インタビュー記事の前に、インタビュイーの簡単なプロフィールなどを掲載しますので、人物像を思い浮かべながら読んでみてください。

明治大学卒業。学生時代は就活に力を入れておらず、遅めの就活スタートからでも内定が出たメガバンクに就職。もともと周囲と合わないと感じていた矢先、他社に就職した親しい友人の言葉に触発されて退職を決意。在職期間１年６か月。

Q．学生時代のことを教えてください。

「高校までは本格的にサッカーをやっていたので、大学でもサッカーサークルで活動していました。サークルですが、結構ガチにサッカーをやるチームだったので、大学時代はサッカーとバイトと遊びと、少し勉強の日々を過ごしてましたね」

Q. 就職活動はどんなふうに進めましたか？

「大手に行っておけば幸せな人生を送れるんだろうな、という安易な考えで、当時はやりたいこととか、こうなりたいみたいなことも正直ありませんでした。周囲も大企業を志望していたので、その流れで受けていった結果、最終的に銀行が残りました。ほかの銀行や商社も受けていたんですが、銀行に内定をもらったタイミングで辞退しました。当時の自分は会社のステータスを気にしていたところがあって、ステータス的にいちばんよい会社だと思ったからです。あとは、内定承諾するときに『今後ほかの選考は辞退してください』と言われて、怖くなったのも理由です。

就職活動を始めるのが遅く、ナビサイトに登録はしていたものの、説明会などには参加していなかったので、遅めの内定だったと思います。就活が遅くなったのは、サッカーサークルの活動に力を入れていたので、就活に気合が入っていなかったからです。3年生の夏のインターンも行きませんでした。

まわりの友だちも同じくらいのペースの人が多かった影響もあると思います。結局、就活に気合が入らないまま、内定することがゴールになっていました」

Q.　入社前に研修などはありましたか？

「内定式があっただけで、それ以外に集まりはなかったです。銀行の業務に必要な資格を入社前にとらないといけないので、通信教育みたいなものは受講する必要がありましたが、ほかに研修などはなかったです」

Q.　入社後の研修について教えてください。

「入社して2か月間は座学の研修でした。金融知識や財務分析、為替などについてのインプットがメインで、社会人マナーなどもありました。毎日、研修後に、合否判定のテストがあるので、結構みんな必死でした。クラス対抗で成績を競い合うこともありましたね。テストの成績は、その後の配属先にも報告されると言われていました」

Q.　配属の希望などは聞かれましたか？

「入社前に配属希望の面談がありました。15分〜30分くらいだったと思います。エリアや希望の働き方のほか、希望する顧客の企業規模や将来的に何をしたいのかなども聞かれました。顧客の企業規模によって業務内容が違うので、そのあたりの説明も含めての面談でした。

自分なりの希望は伝えていましたが、正直、希望は通らないだろうなと思っていました。自分は明治大学卒なのでエリートコースではなくてソルジャーというか、たたき上げのような立場なので、希望は通らないものと思っていたし、同期もそういう認識の人は多かったです。

最終的には、ギリギリ自宅から通える範囲の支店に配属されました。一応、自宅から通える範囲という希望は通してくれたのですが、支店の近くに社員寮があったので結局、寮に入ることにしました」

Q．配属後のＯＪＴについて教えてください。

「配属後の3か月くらいがＯＪＴ期間でした。最初の1か月はしっかりプログラムが決まっていて、最初は窓口業務の担当です。ＯＪＴを進めるためのチェックシートのようなものがあり、為替業務やＢＳ（バランスシート＝貸借対照表）の調査、損益分岐点の計算など、細かく項目が決まっていて、そのチェックシートを埋めていく形でした。

ただ、支店や業務内容によってできない業務もあるため、そのときはできない理由を記入すればＯＫというルールでした」

Q．業務内容について教えてください。

「中小企業向けの営業担当でした。融資の話だけでなく、クレジットカードをつくってもらうとか、不動産の契約関係なども担当していました。また、お客さまの財務状況を把握して、貸倒金を増やさないようにする業務の担当もしていました」

Q．残業時間はどれくらいでしたか？

「パソコンのスイッチのオンオフで勤務時間が管理されていたので、残業時間はそこまで多くなかったです。新人の残業が多いと上司が怒られてしまうので、まわりもあまり残業は多くなかったと思います。

2年目になると月に30〜40時間ほど残業していましたが、40時間を超えてはいけないという風潮がありました。帰りにくい雰囲気はありますが、プライベートを優先する人もいたので、残業が必須という感じではなかったです。

ただ、銀行は施錠管理などセキュリティに対してとても厳しいので、上司がその責任を逃れるために、私に最後の施錠を任せることが多かったです。施錠業務のために残業時間が伸びることは多々ありましたね。

パソコンでの勤務時間管理なので、パソコンのスイッチを切った後に紙で作業したり、上司の備品を片づけたりなど、雑務でサービス残業をするような日も結構ありました」

Q. 社内のコミュニケーションや社風はどうでしたか?

「うちの支店はあまりよくなかったと思います。支店によってはすごく仲がよいところもあるみたいで、支店ガチャのような感じでした。私の支店は同期もいなくて、歳が近い先輩もほとんどおらず、仕事ができないことが悪い風潮だったので、いつも社員同士がバチバチしていました」

Q. 会社を辞めようと思ったきっかけを教えてください。

「まず前提として、私自身に、働くことに対する覚悟のようなものが足りなかったと思っています。大手に入ったら幸せになれるんじゃないかという打算や、銀行の業務内容がよくわからずに入社したので、研修期間の勉強もイヤでした。

加えて、同期や先輩とも話が合わなかったです。責任逃れの姿勢、自分さえよければいいみたいな考え方、裏では悪口を言っているのに、本人を目の前にするとへこへこする様子……。正直『こんな大人になりたくないな』と思う人ばかりでした。それは研修中から同期に対して思っていましたが、配属されてからも同じでした。

あとは、毎晩のように寮のメンバーで飲み会があるのもイヤでした。同じ寮に住んでいるので断れず、深夜まで上司や会社の愚痴を聞かされるのですが、私は正直『時間がもったいないな』と思いつつ、断れない性格なのでいつも我慢していました」

Q．会社を辞める決め手はなんでしたか？

「ほかの会社に就職した仲のよい友人と、2人でキャンプに行ったんです。そのとき友人が『今の会社が好きで、この会社でより世の中に貢献していきたい』みたいなことを言っているのを聞いて『自分も本当はこんなふうになりたいんだ』と思いました。同じ社会人2年目の友人はそんなことを言っているのに、自分のまわりは会社の愚痴を言っている人ばかり……。そんな自分自身も、愚痴を言っている人の愚痴を話す日々を過ごしていることが情けなくて、何か行動を起こさないといけないと思い、次の日には会社に退職の意思を伝えました。

退職後のことは何も決まっていなかったですが、毎日怒られていたりもしたので、そこから逃げたかったというのもあると思います」

Q．辞めてから今までの流れを教えてください。

「実際には何も決まっていませんでしたが、会社には次の就職先が決まりそうだから辞めると伝えていました。退職後に、転職活動をして3か月後くらいにWeb広告の会社に入社しました。会社選びの基準は、みんなで目標を追いながらお客さまへ貢献するといった理念とか、成果を出している会社です。

あとは、今伸びている業界と考えるとIT系がいいと漠然と思っていました。その会社で3年務めた後、現在は別の会社でWebマーケティングを活用した採用と、キャリア支援の仕事をしています」

Q．今後の展望を教えてください。

「人の人生の岐路に寄り添い、貢献できるようになりたいなと考えています。

私自身も含め、やっぱりキャリアはわからない部分が多いと思います。エネルギーだけ持て余していて、最適な選択がわからないのはすごくもったいないので、一人ひとりが自分の可能性を信じて前向きに働けるような支援をしたいです。

ただ、起業するのか、どこか会社で働くのか、個人として一人ひとりに対して深く介入できる場を探していくのか、色々な形があると思うので、どんな形で働くのかはまだまだ模索しています」

事例紹介②「目指す成長の方向性が違う」

慶應義塾大学卒業。学生時代はスタートアップ企業でのインターンシップ兼アルバイトや、学生団体のマーケティングなどを担当。大手ＩＴ企業の広告事業部で広告事業に携わるが、「ワークにライフが蝕(むしば)まれている」と表現するなどワークライフバランスがとれず、上司との関係性や目指したい方向性の違いなどもあり、転職を決意。将来的には、地元の地域貢献に携わりたいと思っているが、キャリアについては本人曰く「迷走中」。在職期間2年10か月

Q．学生時代はどのように過ごしましたか。

「ＳＮＳを活用した学生団体のマーケティングや、スタートアップ企業でのインターンシップ兼アルバイトをしていました。課外活動に熱を入れすぎて勉強に熱心なほうではなく、正直、単位をとるために学校に行っていたような感じです。学生時代に戻れるなら、もっと勉強したいですね」

Q．就職活動はどんなふうに進めましたか？

「広告業界とＩＴがメインで、少しコンサル業界も見ていました。その3業種はインターンも全部参加して、自分のやりたいことと合っていそうな広告業とＩＴ業界に絞りました。大手広告代理店も受けていたのですが、面接でちょっと雰囲気が違うなと思って、選考途中で辞退しました。

私は受けた会社が少なくて、全部で4社くらいです。まわりからも『少ない！』って言われました。意図的に絞ったわけではなく、内定が早めに出たので、ほとんど就活することなく終わった感じです。就活はほぼすべてオンラインで、1回だけ面接だったかグループディスカッションがオフラインだったと思います。

最終的には社風も合うし、自分のやりたい領域とも近いと思ったＩＴ企業のビジネス職（エンジニアではなく、営業などの総合職）に行くことに決めました」

Q．入社前後の教育・研修はどんな内容でしたか？

「入社前教育が盛んなイメージの会社でしたが、そこまででもなかったです。

内定者バイトの制度があるのですが強制ではなく、内定者バイトをやっていたのは同期の半分くらいだと思います。私はスタートアップのバイトをしていたので、そちらに力を入れたいと思い、内定者バイトはしませんでした。それと、もう一つ職場体験みたいのがありました。〝弟子入り制度〟みたいな名前なのですが、グループ会社のどこか1社に1日体験入社するもので、それは私も1社体験しました。

入社後は1週間くらいの研修があり、最終日に配属発表して次の日には配属です。研修中に部署紹介があるので、そこで自分の希望は伝えました。私の場合、ほぼ希望通りで広告事業への配属でした」

Q．配属後のOJTなどはありましたか？

一応、OJTトレーナーみたいな人はいましたが、社風が『とりあえずやってみよう』という感じなので、横で見ていてくれるけど、手を動かすのは全部自分でしたね。どれくらい指導してくるのかは、トレーナーによって違っていたと思います。

私の場合は、とりあえず自分でやってみて、トレーナーが『どう？』と聞きながらサポートしてくれる感じでしたが、ストレスはありました。正直『もっと丁寧に教えてくれよ！』とは思いましたね。

社風として成長意欲の高い人が集まっているので、多少の失敗、たとえば広告で損害とか出しても、責められることはあまりなくて『気にしなくていいから。次、次！』と言われる日々でした。人によって合う、合わないがあるでしょうが、私としては合わないなと思うこともありました」

Q．業務内容について教えてください。

「広告代理店の事業部です。新卒がいちばん多く配属される部署で、同期は60名くらい配属されていました。

私は主に、クライアントのＳＮＳ運用やインフルエンサーマーケティングを担当していました。多いときだと一人で30～40社くらい担当しますが、常時動いているのは10社くらいです。でも、忙しくてワークにライフが蝕まれていましたね」

Q．業務量も多かったんですか？

「月平均だと40時間くらいは残業していたと思います。土日も働くことは結構ありました。いちばん長いときだと7時～24時くらいまで。在宅勤務でしたがルールがあって、週2～3日は出社することになっていたのですが、在宅でも忙しくて残業することは多かったです。

ただ私は、量よりも精神的な負荷が大きかったです。大手のクライアントを担当していたのですが、大企業ならではの厳しい要求が結構ありましたね。突然、電話かかってきて『明日まで！』とか『仕様変更してください！』とか。それに苦しくなってしまいました。

あとは上司がトップダウンタイプの人で、ウマが合わないのもありました」

Q．上司との関係性がよくなかったのですか？

「上司は結果を出す人だったので、経営陣からすれば数字を残すよいマネージャーだと思いますが、部下からすると『部下を駒としてしか見ていない』と感じていました。評価面談でのフィードバックも『私のことをちゃんと評価してくれないな』と感じることが多かったです。事前にスケジュールしていた評価面談をスキップされることもあり、その点でも不信感がありました。私だけに対してだけではなく、ほかのメンバーに対しても同じようなことをしている人でしたね。

仕事の振り方も雑でした。私の不得意な業務を任されることも多くて、そのときもとくに説明はなくて『これやって』みたいな。それでいて、できないと『なんでできないの？』『できていないよね？』と詰められました。自分を成長させてくれる上司ではないと思いました」

Q．退職を考えたきっかけを教えてください。

「正直、1年目くらいから思っていました。1年目の終わりごろだったと思います。辞めた理由は、労働時間やワークライフバランスもあるんですけど、いちばんは自分がやりたいことや得られるスキルを考えたときに、ちょっと違うと思ったことです。とはいえ、まずは3年くらい働いてスキルを身に着けようと考えていたので、すぐに転職活動はしませんでした」

Q．尊敬できる上司や先輩はいましたか？

「完璧なロールモデルになる人はいませんでしたが、みんな人がいいなとは思いました。素直だし、成長意欲がある人は多かったです。仕事で損害を出しても『大丈夫だよ』『次で取り返そう』と言ってくれる成長意欲の強さみたいのは、みんな持っていました。私が失敗したときも、周囲は『次がんばればいいから！』と言ってくれました」

Q．辞める決め手はなんでしたか？

「今の会社から声をかけてもらい、ビジョンとの相性や、やりたいことなどを考えて、移ることに決めました。仕事は忙しかったですが、転職活動自体は2023年の夏ごろから半年くらいやりました。応募したのは10社くらいで、結構がんばりましたね。

前の会社は、企業の広告予算をいただいて広告の企画、運用、検証分析などをおこなうのですが、意外と自由度が低くて、決められた予算で決められたことをやることも多かったです。私は学生時代の経験から、商品や人の価値は見せ方で大きく変わるのがおもしろいと思っていたので、クライアントと一緒にプロモーションのコンセプトや企画を考える部分をやれる方向にシフトしました。

あと、私自身が地方出身で、最終的には地方中小企業の支援に携わりたいと思っていたので、大企業よりも地方企業中心の支援ができるほうがいいなと思ったのも転職の理由です」

Q．辞めたときのことを教えてください。

「すんなりは辞められませんでした。自分に近いマネージャーや先輩に話したときは『もう少しがんばろう』と止められました。それでも私の意思は堅かったので、部門長（ウマが合わなかった上司）との面談スケジュールを設定してもらいましたが、予定があるからと一方的にキャンセルされ、もう一度設定してもらってやっと伝えられました。

部門長との面談は『あ、そうなんだ』って感じで、5分もかからず終わりましたね」

Q．今後の展望を聞かせてください。

「実は今後どうしようか、今ホント迷走中です！

今の会社にずっといるとは思っていないので、次を考えてはいます。学生時代に途中で辞退した広告系の会社なんかも、転職情報は見ています。

変わらないのは、地元に貢献したいという気持ちです。なので、今の会社で仕事を続けながら、副業みたいな形で地域貢献に関わっていくのか、地元企業に転職するのか、そのあたりも含めて悩み中です」

事例紹介③「理想の成長スピードに届かない」

関東の私立大学卒業。学生時代は高校生のキャリア支援やＮＰＯ法人のインターンの活動。複数の内定先から大手ＩＴ企業を選び就職。採用活動に出てきた魅力的な先輩社員がまわりに少なく、このままでは自分の描く成長スピードで成長できないと感じ退職。

現在は大学院に在籍。在職期間１年２か月。

Q．学生時代のことを教えてください。

「最初はサークルに入りましたが、1年経ったらもういいかなと思ってきて、2年生からは高校生向けのキャリア支援のインターンや、NPO法人のインターンなど複数のものに参加していました」

Q．就職活動はどんなふうに進めましたか？

「3年生のとき、就職活動の前に学生起業をしました。友人とやっていた学生団体の活動をきっかけに、会社を設立することになったんです。

事業内容的にも社会のためになると思ったし、自分としては卒業しても続けたい気持ちが強かったので、副業ができることは就職先の条件でした。なので、業種や職種よりも、副業OKの条件で就職先を選んでいました。副業OKの企業はIT系が多いので、結果的にIT系を中心に受けました。

4社から内定をもらい、どこに入社しようかは結構悩みました。最終的には若手のうちから裁量権があって、魅力的な先輩が多く、副業や起業している人も多い会社文化に惹かれて大手IT企業に決めました」

Q．入社前後の研修はありましたか？

「入社前にはほとんど研修はありませんでしたが、希望者は内定者インターンがあったので、会社と関わる機会はありました。私も内定者インターンに参加していて、そのときに出会った同期とは今でも連絡をとっています。

入社後は1か月間が全体研修で、内容はビジネスマナーなどです。その後は配属先別の研修でしたが、私は法人営業に配属されたので、約2か月間は業務知識や商品知識などの研修を受けました」

Q．法人営業は希望の配属先でしたか？

「はい。ただ、もともと会社自体に魅力を感じての入社だったので、本当にどの部署に行きたいという気持ちはなく、希望の部署をどこにするか悩んでいました。

尊敬する先輩社員に相談したら『うちの会社でいちばん早く成果を出せるのは法人営業だと思う』と言われ、それなら法人営業にしようということで希望先を決めました」

Q．仕事内容を教えてください。

「研修が終わって7月ごろからは、先輩について既存顧客を中心に回っていました。本当はその後10月ごろから、自分で担当を持って仕事をしていくと聞いていたのですが、10月に法人営業の中でも大企業相手の部署に異動になりました。

大企業相手なので、一人あたりの担当者企業数は少なく、一人で7〜8社の担当です。それまでの部署では、一人で30〜40社くらい担当するのが一般的だったので、営業のスタイルも違うし、部署が違うだけで雰囲気もだいぶ違っていました」

Q．会社を辞めようと思ったきっかけを教えてください。

「就活のときに出会った社員の方々は〝イケてる人〟や魅力的な人が多かったですが、普段の仕事の中では、そういう人に出会うことがあまり多くはありませんでした。

〝イケてる〟の定義は難しいですが、志みたいなものをしっかり持って行動できているかが、その要素の一つです。私たちの世代は、志に共感して入社を決めるのに対して、今の30代〜40代あたりの方々は、志とは無縁の方も多いと感じています。

また、異動先の部署は、大企業相手なので案件は大きいですが、仕事の裁量権は小さく、決まったことを決まった通りにやることが求められていました。昔ながらの組織体質です。

自分としては、もっと裁量権を持って仕事をして、成長したいと思っていましたが、あと3年くらい異動はないと言われていたので『この環境で3年も過ごすとなると、自分のなりたい姿に早くなれないかも』と思い始めました」

Q. 会社を辞めると決断したのはいつ、どんな理由でしたか?
「辞めると決めたのは1年目の2月ごろです。コロナの影響で、世間はリモートワークが広がり、会社としてもリモートワークを推進しているのに、うちの部署は出社している人が多いなど、色々と会社の悪い部分が気になるようになってきました。
退職届を出した後は、上司と何度か面談があり『部署異動をさせるから残ってほしい』と言われましたが、自分としてはその時点では辞める決心がついていました。もう少し早く部署異動の話をしてもらっていたら、もしかしたら退職せずに続けていたかもしれません」

ここでご紹介したインタビューは、これまで私がおこなってきたインタビューの中のごく一部です。辞めた理由だけを聞けば同じ理由に思えても、辞めるまでの経緯などを聞くと、実はまったく違う実情が見えることもあります。

　また、実際のインタビューは、ご紹介した事例のようにスムーズにはいきません。今回掲載した事例も、読みやすいようにインタビュー時の回答とは順序を入れ替えている部分もあります。

最初は本人の中でも整理できていなかった「辞めた本当の理由」が、インタビューを受ける中で整理され、言語化できることは珍しくはありません。

　企業内で退職者インタビューをする場合、最初はスムーズに進まず、本音を引き出せないこともあるかもしれません。

　それでも、辞めた社員の本音に少しでも近づくことは、離職対策をするうえで非常に重要であり、そのためにインタビューは効果的な方法です。最初から完璧にはできないかもしれませんが、できる範囲から実施していくことがおすすめです。

社員へのアンケートでは設問の数に要注意

　退職者インタビューは、辞めた社員の本音を聞くには有効な一方で、時間がかかることやインタビューに応じてくれる人を確保するのが難しく、サンプル数が集まりにくいなどの難点があります。そんなときにおすすめなのが社員へのアンケートです。

アンケートは、社員の本音を聞くことが目的です。対象者が現役の社員になるので、退職者インタビューに比べると回答してもらいやすいです。

また、アンケート項目の設計に手間はかかりますが、一度アンケート項目が固まってしまえば、比較的手間がかかりにくいというメリットがあります。

すでに社員満足度調査やサーベイなどを実施している会社の場合、それらのデータを「離職対策に活かす」という視点で再分析してみるだけでも十分です。

アンケートは項目の設計がかなり重要ですが、設問数は多くても30問程度を上限とすることをおすすめしています。

設問数が多すぎると、回答に時間がかかるため回答率が下がる可能性や、後半の設問はいい加減な気持ちで回答する可能性もあります。何より、設問数が多いアンケートは、社員から不満の声があがりやすいのです。

「危機感がない経営陣」にはアンケートが有効

社内にアンケート設計の知見がない場合は、外部委託をしたほうがよいでしょう。ただし、それが難しいときには「eNPS[SM]」の活用がおすすめです。

eNPS℠とは、Employee Net Promoter Score（エンプロイー・ネット・プロモーター・スコア）」の略称です。「あなたの職場を親しい知人や友人に勧めたいか？」を0～10の11段階で回答してもらい「職場の推奨度」を数値化します。

もとは「この商品やサービスを親しい知人や友人にどのくらい勧めたいか？」という商品・サービスの推奨度を測る指標であったNPS（Net Promoter Score）を、アップル社が従業員のエンゲージメント可視化のため、転用して広がったと言われています。

eNPS℠が高まると、NPSが高まることは多くの調査で実証されており、NPSの向上は売上成長にもつながります。

またeNPS℠は、離職率とも大きく関係していると言われています。

eNPS℠の特徴は「あなたの職場を親しい知人や友人に勧めたいか？」という一つの質問だけで、エンゲージメントスコアを表すことにあります。何十問もの質問に回答する必要がないため、回答者の負担も軽減できます。

ただし、1問だけだと情報が不十分なので、どんな要因がeNPS℠と相関しているのかを調べるため、ハーズバーグの二要因理論をベースに「給与に満足しているか？」「仕事の達成感を感じるか？」など、10項目程度を聞いていくといいでしょう。

離職対策への危機感がない経営陣に対して、危機感を持ってほしいときにはアンケートは有効です。アンケート結果を見せて、どれだけ社員のエンゲージメントが低いのかを定量的に突きつけることができるからです。

ただし、専門家が作成したアンケートではないため、結果を鵜呑みにするのは危険です。本格的な離職原因を調査したい場合は、専門の外部機関に委託しましょう。

社員アンケートをおこなった際に必ずやってほしいのが、社内への結果の公表です。アンケートの結果を社内に公表しないと、翌年以降の回答率は下がります。

忙しい業務の合間を縫って回答してくれた社員に、敬意を感謝を込めて「アンケートの結果、こんな意見が多かったので、今後はこういう方向で改善を検討中です」などのメッセージをはっきりと伝えましょう。

「エンプロイージャーニーの整理」で実態を可視化

退職者インタビュー、社員アンケートと並行しておこなってほしいのが「エンプロイージャーニーの整理」です。

「エンプロイージャーニー」とは、一人の人間が会社を知り、興味を持って入社選考を受け入社して、そして退職するまでの一連の経験のことです。

その経験を整理し、可視化したものを「エンプロイージャーニーマップ」と呼んでいます。エンプロイージャーニーマップは、それら一連の経験を「感情の情報」とともに可視化したものです。

事実としての出来事だけでなく「そのときに何を考えていたのか？」「どんな感情を抱いていたのか？」などを考えることで、生々しい社員の実態が可視化されます。

私が代表を務める株式会社カイラボでは、企業向けに３時間でエンプロイージャーニーマップを作成するワークショップをご提供しています。エンプロイージャーニーワークショップの手順は、大きく分けると以下の６つです。

①ペルソナ（人物像）設定
②キャリアイベントの洗い出し
③感情変化の記入
④エンゲージメントスコア記入とグラフ化
⑤きっかけと決め手の推測

⑥離職対策の立案

ペルソナとは、主にマーケティングで用いられるターゲットの人物像設定です。

若手の離職対策を目的として、エンプロイージャーニーをつくる場合のペルソナは、入社して短期（たとえば3年以内など）に辞めた人を設定します。

過去に実際に辞めた人ではなく、わざわざペルソナを設定する理由は、実際に辞めた人が持つ特有の事情などに影響されすぎることを避けるためです。

また、実際に辞めた人と親しい人とそうでない人で、情報量に大きな差が出てしまい、フラットな議論がしにくいというデメリットを避けるためでもあります。

エンプロイージャーニーをつくることのメリットは、会社として辞めてほしくなかった人の退職理由について、職場での共通認識をつくれることです。同じ会社、同じ職場にいる人でも「社員がなぜ辞めるのか？」に対しては、考え方が異なります。

たとえば、こんなケースです。

部長の考え「今の若い人たちは辞めるものだから仕方ない」

課長の考え「経営陣の方針に一貫性がないからだ」
係長の考え「部長や課長を見たら、うちの会社で出世したいと思わないのは普通」
主任の考え「残業時間が多いし、仕事のわりに給料も安いから」
新人の考え「まともに教育してくれないし、社内の雰囲気も悪い」

やや極端な例ですが、エンプロイージャーニーを作成するワークショップのスタート時は、これくらい人によって考え方が違っています。

離職対策を考えるには、辞める原因を特定する必要がありますが、人によって考えている原因が違っている状態で対策を考えても、議論は平行線のままになってしまいます。

対策を考える議論の前提をそろえるためにも、エンプロイージャーニーをつくってみることがおすすめです。

離職防止の施策を考える際に必要なメンバーと注意点

退職者インタビュー、アンケート、エンプロイージャーニー作成などで辞める理由を考えたら、いよいよ対策を考えていきます。

多くの会社では、人事部門が中心となって離職対策を考えると思いますが、人事部門だけで考えるのは危険です。

経営陣、管理職はもちろん、ベテラン社員から若手社員など年齢的な幅広さも考慮してください。

また、特定職種だけではなく、幅広い職種から様々なメンバーを巻き込んで考える必要があります。

様々なメンバーを巻き込むことのメリットは、意見の偏りをなくし、多様な視点から対策を考えられることに加えて、離職対策を実行するフェーズでスムーズに実行に移れることです。

離職対策においていちばん難しいのは、対策をやり切ることです。

人間には「現状維持バイアス」といって、無意識に現状を維持しようとする習性があるため、新しく何かに取り組むときには抵抗感があるものです。

まして、新しい取り組みが自分の知らないところで勝手に決められて、人事部から突然「離職対策のためにこれからはこんなことをやってください」と言われたのでは、抵抗したくなる気持ちも理解できます。

最近では、離職対策に効果があるとされる施策は、インターネットを検索すればたくさん出てきます。職場のコミュニケーション改善、1on1、ピアボーナス制度、リバースメンタリング、360度評価、タレントマネジメントシステムなどです。

しかし、**どんな施策を実行するにしても、人事部だけで完結するものではなく、社員一人ひとりの行動が必要**です。

だからこそ、議論の段階から多様なメンバーを巻き込む必要があります。

議論の段階から参加していて、自分が出したアイデアが一部でも採用されれば、その人は離職対策実行がスタートした時点から味方になってくれる可能性が高いです。

新しいことをやるときに、社内に抵抗勢力を生まないのは難しいかもしれませんが、できる限り味方が多い状態でスタートしたほうが実行力は高まります。

時間的な制約などで、多くのメンバーを巻き込むのが難しい場合でも、経営陣は必ず巻き込む必要があります。社長がベストですが、それが難しければ、最低でも役員会で発言権のあるレベルの人は味方につける必要があります。

離職対策は、多くの企業にとって経営課題です。経営課題は、経営陣がコミットしなければ解決できません。

退職者インタビューやアンケートは、経営陣を巻き込むための説得材料としても効果的です。エンプロイージャーニーを作成する場合、ワークショップ形式にすることで初期の段階から経営陣を巻き込みやすいメリットがあります。

役員研修や管理職研修で、エンプロイージャーニーをつくることもあれば、全社会議や合宿の中で実施するケースもあります。

ワークショップという気軽な形式でおこなうことで、離職対策という深刻なテーマを深刻になりすぎずに、全社員に考えてもらいやすくなる点も大きなメリットです。

離職防止を考える際には「3つの視点」から

離職対策は多様なメンバーで考えたほうがいいのですが、多様なメンバーで集まることで責任のなすりつけ合いや、自分たちに負荷がかからない対策がたくさん上がってくるケースもあります。

そうならないためには、事前に離職対策を考える視点を決めておく必要があります。

離職対策の視点は、取り組みの主体別に会社・チーム・個人、3つの視点から考えてみてください。

会社視点とは、全社的に取り組むべき対策です。賃金改定や評価制度改定などが該当します。

多くの会社では、採用方針の変更なども会社視点に含まれます。３つの視点を提供しなくても、会社視点での対策は勝手にたくさんあがることが多いです。

ともすると会社批判にもなりかねない意見も「会社視点での改善策も出してみましょう」ということで言いやすくなるため、経営陣と管理職が一緒に意見を出す場などでは、この視点があることが効果的に働きます。

チーム視点は、職場視点と読み替えても構いません。職場でできる取り組みです。

部署内の定例会議の頻度や進め方を変える、チーム内での役割分担を変える、ＯＪＴのやり方を変えるなどが該当します。

最近だと、テレワークや出社の頻度をチーム内で決めたり、オンラインミーティング時のカメラＯＮをルール化したり、というケースもあります。

ほかにも、会議の冒頭にチェックインの時間を設ける、1on1 面談ではなく 2on1 面談にしてみるなど案が出たことがあります。

個人視点は読んで字のごとく、個人での視点です。一人ひとりが普段の行動でできることを考えてもらいます。

あえてこの視点をつくることは非常に重要です。離職対策は会社やチーム単位だけでなく、社員一人ひとりの行動の結果であることを認識してもらえるからです。

具体的には、配属された新人にこちらから声をかける、新人の挨拶には大きな声で挨拶を返してあげる、オンラインミーティングではカメラONにするなど、言われてみれば当たり前のような内容が多くあがります。

一見、当たり前の内容に思えても、それらの取り組みを社員自身が自分で考えたという事実が非常に重要です。誰かに決められたのではなく、自分たちで言い出したという事実をつくることで、離職対策への当事者意識を醸成します。

せっかく考えた離職対策を絵に描いた餅にしないためには、社員の協力が不可欠です。インタビューやアンケートの結果で現実を突きつけるだけでなく、エンプロイージャーニーを一緒につくる過程を通じて、社員間の共通認識を深めておくことで社員の協力を得やすくしておきましょう。

第2章のポイント

✓ 多くの企業が、的外れな離職防止策をおこなっている。真の離職原因を見つけて対策を練るのは、思いのほか難しい

✓「不満はないが満足していない」で離職することもある。本当の満足度は「動機づけ要因（満足しているか）」と「衛生要因（不満はないか）」の2つで決まる

✓ 企業によって、若手の離職理由は異なる。福利厚生が充実している大企業がさらに充実させても効果は薄く、中小企業が「やりがい」や「成長」をアピールしても失敗するケースが多い

✓ 離職原因を探るには、離職者にはインタビュー、在職者にはアンケートが有効的

✓ 並行してエンプロイージャーニーを整理し、実態を可視化すること。そうすることで、多角的な思考が手に入り、ようやく対策を打つ手筈が整う

✓ 離職防止の対策は、人事部や管理職、経営陣だけではなく「会社視点・チーム視点・個人視点」の3つの視点から考えるためにも、色々な部署・年齢層の人に協力してもらう

第3章

時代に即したマインドとスキルを

～組織全体でアップデートする

企業は「選ぶ側から選ばれる側へ」意識改革せよ

転職希望者が初めて1000万人を超えたことは、第2章でもお伝えしました。

労働力人口が減少する中で転職希望者数が増えているということは、つまり働く人に占める転職希望者の割合が増えていることを意味します。チャンスがあれば転職したいと思いながらも、働いている人が多くなっているのです。

転職希望者の増加だけでなく、人手不足も深刻化しています。

帝国データバンクが発表している「人手不足に対する企業の動向調査（2024年7月）」によれば、正社員が不足している企業は51・0%。半数以上の企業が人手不足を感じている状態です。

人手不足による倒産も増加しています。 同じく帝国データバンクの「人手不足倒産の動向調査」によれば、2023年の人手不足倒産は260件で過去最多です。

2024年は上半期（1～6月）で182件と、過去最高ペースで推移しています。人手不足が企業の存続にまで影響する状態になっています。

今の日本は「人手不足の深刻化で、企業はとにかく人手が欲しい。一方で働く人は転職の機会をうかがっている状態」と言えます。

加えて、今後さらに、日本の人口が減っていくことは明らかです。つまり、これからは今まで以上に少ない労働力を、各企業が奪い合う時代になっていきます。必然的に、企業は働く人を選ぶ側から働く人たちに選ばれる側に変わっていきます。

離職対策を考えるときに「企業は選ぶ側から選ばれる側に変わった」という認識は非常に重要です。

しかし、残念ながらいまだに「企業が人を選んでいる」と勘違いしているビジネスパーソンも少なくありません。**社会の変化をとらえ、効果的な離職対策を実行するためには「企業は選ばれる側」だというマインドへのアップデートが必要です。**

ここで言う企業とは、経営者や人事担当者などの採用・定着に直接的に関わる方だけではなく、企業で働く一人ひとりです。

社員の定着率向上には、全社員のマインドのアップデートが必要なのです。

配属ガチャ問題「希望を叶えなきゃダメ」は間違い

企業が選ぶ側から選ばれる側になり、大きく変化しているのが、配属に対する考え方です。かつては、入社した後の配属に本人の希望など関係なく、会社の都合だけで配属が決まることが一般的でした。新卒で総合職として入社すれば、職種も勤務地も会社に従うのが当たり前という考え方が、企業側にも働く側にもあったでしょう。

少なくとも、私が新卒入社をした2008年当時は、そういう考えが主流でした。

しかし、**最近は「配属ガチャ問題」という言葉があるほどに、新入社員は配属に敏感**です。読者の方の中には「今どきの若い人は、配属が希望通りでないと辞めてしまうから困る」と感じている方もいるのではないでしょうか。

企業も、配属ガチャ問題にはセンシティブになっています。配属ガチャを避けるために、新卒・中途にかかわらず、入社前から配属先を通知している会社や、採用選考の段階で職種別・部署別に選考している会社も珍しくなくなってきました。

たとえば、パナソニックホールディングスは、２０２３年度の新卒入社から入社前の配属確約の制度を導入しています。同社の採用ページには「初期配属（事業領域・職種）を確約します」と明記されています。

かつては「背番号制」と呼ばれるほど、初期配属がその後のキャリア形成に影響した総合商社業界でも、配属先の確約が始まっています。住友商事では、２０２５年度新卒採用から、採用予定の約３割を事前に配属確約する制度をスタートさせ、三井物産も、事前のインターンを必須とする代わりに、配属を確約する採用方式をとっています。

企業側も、人材確保のために配慮ガチャをなくそうと努力しています。それだけ、人材確保に配属ガチャが大きく関係しているのでしょう。**とくに採用においては、配属先確約がある会社は応募が増えると言われます。**

また、一人が複数の内定をもらうのが当たり前になっている今の時代では、入社前に配属先を確約することで、内定辞退を防ぐ効果も期待できます。

一方、離職対策という意味では、配属ガチャ対策がどれだけ効果があるのか、私は若干懐疑的です。私がこれまでインタビューをしてきた感覚では、配属が希望通りでなかったことは、会社を辞めるきっかけや決め手にはなりにくいのです。

統計的な処理をしたわけではないので、あくまで私の感覚ですが、少なくともこれまでインタビューをした方の中で「配属が希望通りではなかった」ことが離職の決め手になっている人にお会いしたことはありません。

辞めようと思ったきっかけになった人も、体感的には2割前後です。**配属先が希望通りだったかどうかよりも重要なのは、配属理由に納得ができるかどうかです。**配属理由に納得ができずに辞めたという例はよく聞きます。

いくつか事例をご紹介します。

「口約束でしたが、内定をもらった時点では、海外事業に配属するという約束ももらっていました。（中略）配属先は、全体研修の最終日に発表されるのですが、海外事業部ではなく、国内の法人営業でした。驚きましたが、辞めようとは思いませんでした。海外事業をするにしても、現場での営業経験は必要だと思っていたので、まずは配属された営業先で結果を残そうという気持ちでした。

（配属後に）営業成績は残していたので、人事には『海外事業開発の部署に行きたい』と伝えましたが『あと3年は待ってくれ』と言われて、自分としては3年も待てないという気持ちが強くなりました。

（退職を決心してから）２月ごろに退職の意向を伝えたのですが、会社から強く引き留められました。上司や人事からは『希望の部署に異動させるから残ってほしい』とも言われましたが、その時点ではもうスタートアップ企業に転職すると腹が決まっていたので、何を言われても自分の気持ちは揺らぎませんでした」

（アメリカの大学を卒業、大手通信業の営業職を１年で退職）

配属先が当初の話と違っていたこと自体は「納得はいかなかった」と言いつつも「まずはここで成果を出そうと思った」「その時点で辞めようという気持ちはなかった」と述べています。

一方で、配属理由が納得できるものではなく、成果を出して希望をしても明確な理由が不明なままだったことに対しては、強い憤りを示しています。

配属理由が不明なことで不信感を募らせている例は、ほかにもあります。

「本来は総合職としての採用だったのですが、入社後に『研修の様子を見て配属を決める』と言われ、結果的に店舗配属になりました。

上司に理由を聞いたら『きみたちの代は、最初から店舗配属のために採用した』と言われ、会社への不信感が高まりました。入社の時点では、総合職として事務関係の仕事をすると聞いていたからです。最初から店舗配属とわかっていれば、入社はしなかったかもしれません」

（地方私立大学を卒業、地元の大手飲食チェーンの接客業を1年11か月で退職）

この方の場合、直接的な退職の原因は、激務によるメンタルダウンですが、その一因が入社前の約束とは違う店舗配属にあることは確かです。そのため、配属先が希望通りでなかったことがきっかけではありますが、決め手ではありません。

また、こんなデータもあります。

株式会社キャリタス（旧株式会社ディスコ）がおこなった「入社1年目（２０２３年卒）社員のキャリア満足度調査」によれば、**配属の満足度は「希望通りではなかったが、満足している」という人は「希望通りではなかったので、不満がある」と回答している人の約3倍**です。

この調査は、２０２３年4月入社の新入社員に対し、10か月後の２０２４年2月に実施した調査ですから、実際に配属されて仕事をしてみた結果、希望とは違ったけど配属先に満足している人も少なくありません。

配属が希望通りでないことが即ＮＧなのではなく、配属理由への納得感がないことや、配属先で上司や先輩とよい関係性がつくれなかったことこそが、辞める真の理由なのです。

「尊敬できる上司がいない問題」が起きる理由

「会社が決めた配属先に従うのが当たり前」と思って働いてきた世代の方には、配属ガチャなんて言っている若手の考えが甘いと感じる方もいると思います。

キャリア論などを勉強している方であれば、クランボルツの計画的偶発性（プランドハプンスタンス）の話を引き合いに「キャリア上の予期せぬ出来事がチャンスになるんだ！」と、若手に力説している方もいるかもしれません。

私もキャリアには偶発性が必要だと思っています。かといって、配属ガチャ問題を今どきの若者のわがままだと一蹴してしまうのは早計です。

配属先によって、どんな上司のもとで働くかも決まります。**若手社員にとって、どんな上司のもとで働くのかは非常に重要です。なぜなら「尊敬できる上司がいない問題」が発生する可能性があるからです。**

「尊敬できる上司がいない」は、インタビューでも頻繁に聞く言葉です。第2章でご紹介した大手IT企業を退職した方が「イケてる先輩がいない」ことを辞めようと思ったきっかけにあげていました。これも尊敬できる上司がいないのと同じような状態です。

ほかにも、尊敬できる上司がいないと回答している例をいくつかご紹介します。

「『ついていきたい』とか『尊敬できる』という人を見つけられずに、なぁなぁに働いているみんなが敵に見えてしまいました。ミーティングで、患者さんのためにもっとよくするための提案をしても流されてしまうような状態で。（医療の専門職として）患者の気持ちを汲みとれない企業にはいられないと思いました」

（国際医療福祉大学卒業、大手医療法人グループの専門職を2年6か月で退職）

「上司が責任をとりたがらない、自分さえよければいいという感じでした。あと、裏ではお客さんの悪口を言っているのもイヤでした。あの人たちは自分が目指したい大人ではないなと思っていました」

（明治大学卒業、大手金融機関の営業職を1年6か月で退職）

「どれだけ自由にやっても、基本的にはクビにならないので、仕事中に居眠りしている人やプライベートなことをしている人もいて、がんばっても報われない感がありました。どれだけ自分が電話対応をがんばっても、隣で寝ている人のほうが給料が高いという状態でやりがいを感じられませんでした」

（津田塾大学卒業、地方公務員を３年で退職）

「先輩のターゲットにされて、怒鳴られたり、立たされたりしました。直属の上司との関係はよかったと思っていたけれど、今から考えると事なかれ主義なだけです。上司は『自分に攻撃してこない』というだけで、関係がよいと感じていたのかもしれません」

（立教大学卒業、大手旅行会社を２年９か月で退職）

「（社長のセクハラが発覚した後）社長は結構熱い人で夢や目標を語っていたのですが、その言葉を聞いても『セクハラをやっている人が何を言ってるんだろう』と感じてしまうようになりました。社員の中には社長を崇拝している感じの人もいて、その態度にも白けてしまいました」

（南山大学卒業、Web 制作会社のエンジニアを９か月で退職）

いずれのインタビューも、管理職にとっては耳の痛い話でしょう。

一方で「何を勝手なことを言ってるんだ！」という怒りの気持ちがこみあげてくる方もいるかもしれません。辞めた方へのインタビューなので、不平・不満が出てくるのは当然です。もし、上司側にインタビューできれば、違った一面が見えてくる可能性もあります。離職者へのインタビューが、すべての真実を表しているとは限りません。

しかし、**少なくとも離職者から見たときに、上司がどう見えていたのかを理解することはできます。そこに、離職対策のヒントが隠されている**と考えられます。

早期離職した方にとっては、尊敬できる上司がいなかった。そして、尊敬できない上司が、どんな発言や振る舞いをしていたのかがインタビューからはわかります。

では、そもそもなぜ、尊敬できる上司がいない問題が発生しているのでしょうか？

その理由は3つあると考えています。

【尊敬できる上司がいない3つの理由】

①SNSの普及による比較対象の拡大

②価値観の多様化

③上司のビジネススキル低下

①「ＳＮＳの普及」による比較対象の拡大は、平たく言えば「キラキラして見える人が増えた」ことです。会社員でもＳＮＳ上でフォロワーが多い、いわゆるインフルエンサーは存在します。若手社員の視点から、自分の上司とインフルエンサーを比べたときに「うちの上司イケてないな」と思えば、当然、尊敬するのは難しくなります。

②「価値観の多様化」の影響も大きいです。成果を残すためなら、残業や徹夜も辞さないという姿勢で仕事をしてきた人からすれば、仕事の成果にかかわらず、定時だから帰るという人の価値観を理解するのは難しいでしょう。逆も同じです。仕事に対する価値観が違いすぎてしまっては、尊敬したり目標としたりは難しいです。

③がいちばん厄介であり、多くの組織で起きています。「上司のビジネススキル低下」とは、上司のスキルが落ちたというよりも、業務上で求められるスキルがどんどん新しくなった結果、そのスピードに上司が追いつけていない状態です。

典型的なのは業務のオンライン対応です。若手社員はリモートワークやオンライン商談のための新しいツールもどんどんつかいこなすのに、管理職はなかなかつかいこなせないような状態が多くの企業で起きています。

まさに、上司と部下とのスキルの逆転現象が起きているのです。

オンライン研修の講師をしていると、スキルの逆転現象には頻繁に遭遇します。新入社員向けのオンライン研修では、すべての受講者がチャットや画面共有などを活用できるのでスムーズに研修が進行するのに対し、同じ会社の管理職研修では、いまだに「こういうツールは慣れていなくて」と言いながら、操作がおぼつかない受講者が何人もいることもあります。

こういう状況では、新入社員からすれば「簡単なオンラインツールすらまともにつかえない上司は尊敬できない」と思ってしまうのは仕方がありません。

ある民間企業の調査では、中小企業で働く20代の社会人の30・0％が「キャリアの参考や目標にできる上司が一人もいない」と回答しています。また同調査では、6割が今の会社でのキャリアビジョンが見えていないとも回答しています（株式会社あしたのチーム「中小企業で働く20代のキャリア形成に関する意識調査」2024）。

私がおこなっている早期離職者インタビューでも「尊敬できる人がいなかった」「あこがれる先輩がいなかった」という意見は非常に多く聞きます。辞めようと思ったきっかけが「唯一あこがれていた先輩が転職したから」というケースもあります。

第2章でご紹介した「早期離職の3大要因」を覚えているでしょうか？

存在承認、貢献実感、成長予感の3つです。

若手社員にとって、上司や先輩の姿は、その会社で働き続けたときの未来の姿です。

上司を尊敬できない、あこがれる先輩がいない状態では、当然その会社での未来に希望は持てず、成長予感も高まりません。ですから、成長予感を高めるには、管理職や先輩社員のスキルとマインドのアップデートが不可欠です。

上司には「未来を描く力」が求められている

上司が尊敬されない理由は、もう一つあります。未来を描けない上司が多すぎるのです。変化が激しく未来の予想が難しい時代だからこそ、リーダーには未来を描く力が求められています。

産業能率大学研究所が、5年に1回おこなっている「ミドルマネージャーの能力開発ニーズ調査」によると、2018年から2023年で、上位項目に大きな順位変動が起きています。まずは、2023年の1位～5位をご紹介します。

1位　部下を育成する力

2位　職場の構想を描く力
3位　部下の課題を形成する力
4位　部下を率いていく力
5位　事業戦略を立案する力

このうち、前回の2018年調査から大きく順位を上げているのが、2位の「職場の構想を描く力」と、5位の「事業戦略を立案する」です。

2018年：12位　→　2023年：2位　職場の構想を描く力
2018年：17位　→　2023年：5位　事業戦略を立案する力

職場の構想を描く力とは、言い換えれば職場の未来を描く力です。

ミドルマネージャーとは中間管理職のことなので、企業は中間管理職に「職場の未来を描き、事業戦略を立案すること」を求めているわけです。

でも、残念ながら未来を描ける中間管理職は少ないのが実情ではないでしょうか。

管理職研修の場面で、先ほどのミドルマネージャーの能力開発ニーズの調査をお見せすると、受講者から反発を受けることがあります。

「未来を描くとか、事業戦略を立案するのは、経営者の仕事のはず。私たち中間管理職に、そんな役割まで押しつけないでほしい」というご意見です。

言いたいことはわからないでもありません。

今までは経営陣が考えた方針を現場に伝えて、現場を管理していくのが仕事だったのに、突然「未来を描け」と言われても、困惑してしまうのも無理はないでしょう。

また、なかには、自分なりに未来を描いて上司に具申したが、相手にされなかった経験がある方もいるかもしれません。

それでも、職場のリーダーである管理職は、未来を描かなくてはいけません。

未来を描けない、未来を語れないリーダーに部下はついていきませんし、未来を語ることは、部下の成長予感に直結するからです。

メガバンクを1年半で退職した事例を、第2章でご紹介しました。仮に、この方をDさんとします。Dさんは、銀行員の仕事はきついと思っていたものの、実際には残業も多くなく、パワハラもなく、仕事自体はそれほどきついとは思わなかったそうです。

その代わりきつかったのが、毎晩のように先輩たちから聞かされる仕事の愚痴、悪口、陰口でした。寮生活のため、ほぼ毎晩のように寮の先輩たちによる飲み会が開催され、愚痴を聞かされます。そのときのことを、Ｄさんは次のように語っています。

「寮が支店の近くだったので、寮に帰るとほぼ毎日先輩たちと飲み会なんですが、基本的に会社の愚痴を聞かされるか、説教されるかの時間でした。今から思うと、もっと反抗してもよかったかもと思いますが、当時はずっと我慢していました」

Ｄさんが退職を決意するのは、仕事以外の出来事が決め手でした。

夏休みに再会した大学時代の友人と、２人でキャンプに行ったとき、友人が仕事のことをすごく楽しそうに話していて「俺は今の会社が好きだから、もっと会社の成長に貢献したい」などと話していたそうです。

「それを聞いたとき、自分にはまったくそんな感覚はないし、まわりを見ても、そんな気持ちで仕事をしている人はいないと思いました。上司も、会社の将来のことを考えているような発言なんてしないし、みんな仕事はつらいけど給料はいいから働いている感じです。それでキャンプから帰ってきた翌日、上司に『辞めます』と伝えました」

実はDさんのように、周囲に仕事の愚痴を言う人ばかりのときに、仕事に熱い人（Dさんの場合は友人）を見て退職を決意するケースは、大企業・有名企業の早期離職で頻繁に見られます。

意外に思う方もいるかもしれませんが、今の若手社員は、リーダーが熱く未来を語る姿を求めているのです。

若手社員の9割は「アツい上司・先輩」と働きたい？

実は今どきの若者世代は、仕事に対して熱意のある上司を求めています。

人材系の会社が20代の求職者を対象に「『仕事に熱意のある上司・先輩』と働きたいですか？」とアンケート調査を実施したところ、なんと95・4％が「働きたい」または「どちらかといえば働きたい」と回答しています（株式会社ジェイック『仕事に熱意のある上司・先輩」に関するアンケート』2024）。

熱意のある上司のもとで働きたいという意見が大多数である一つの理由は、残念ながら熱意のある上司が少ない実情の裏返しとも考えられます。

また、同調査では『仕事に熱意のある上司・先輩』のイメージを上位2つまで選択できる形式で聞いています。

結果は「部下、後輩の育成を大切にしている」が72・3％で断トツの1位です。続いて「成長意欲があり、自己啓発を続けている」が38・7％の2位。「チームの成果を大切にする」が29・0％で3位となっています。

部下育成に熱心な上司のもとで働きたい20代が多いのは、早期離職の3大要因のうちの2つ、存在承認（＝自分のことをしっかり認めてもらいたい）と、成長予感（＝この組織でなら成長していけそうな気がする）を満たしたい人が多いからではないでしょうか。

そして人材育成も、未来を構想することも、管理職が成長意欲を持って自己啓発を続けることも、いずれも組織の未来をつくっていくことにほかなりません。

企業からも部下からも、管理職は「組織の未来をつくる」ことを期待されていると言えます。言い換えれば、組織の未来のつくれない上司のもとでは、若手社員はどんどん辞めていくということです。

「人材確保のため出戻り歓迎」アルムナイ採用の広がり

人材確保が難しくなっている中で、広がりを見せるのが「アルムナイ採用」です。

アルムナイ（alumni）とは、英語で「卒業生」「同窓生」「校友」などの意味です。そこから転じて、人事領域では基本的に定年退職以外の退職者のことを指します。

つまりアルムナイ採用とは、言い換えれば「出戻り採用」です。出戻りによる採用を意図的に増やすために、卒業生組織の仕組＝アルムナイ制度を整備している点が大きな特徴です。

大企業でもアルムナイ採用が広がっています。２０２４年4月20日には「20〜30代をアルムナイ採用　ＪＲ東や日本郵政、即戦力確保」というタイトルの記事が、日本経済新聞に掲載されました。このことからも、アルムナイの注目度がわかります。

これほどまでにアルムナイ制度が広がっている理由は、社会環境の大きな変化です。アメリカの経営学者ジェームス・アベグレンが、著書『日本の経営』の中で述べた日本的経営三種の神器は「終身雇用」「年功序列」「企業内労働組合」でした。

終身雇用を前提とした社会においては、定年退職以外の退職者は、裏切り者や落伍者という見方が強いのは当然です。

しかし、時代は変わり、終身雇用を前提と考えている人は、今や少数でしょう。加えて深刻な人手不足です。

退職者を貴重な人的リソースととらえ、出戻り採用をしやすくするために、退職者とのつながりを強めておくための仕組がアルムナイ制度です。

出戻り採用以外にも、アルムナイ制度にはメリットがあります。ここでは3つのメリットをご紹介します。

まずは、アルムナイ（元社員）からの紹介による採用経路の確保です。これは「リファラル採用」と呼ばれる採用手法の一つです。会社の内部のことをよくわかっているため、ミスマッチを防ぎやすいと言われます。

次のメリットは、ビジネスネットワークの広がりです。たとえば、大企業からベンチャー企業に転職した社員がいたとします。大企業は新規事業をやりたいと考えているけれど、その開発ノウハウがなく、アイデアはあっても実行力がないという状態です。そんなときに、アルムナイのつながりから、新しい技術を持ったベンチャー企業とのパートナーシップが実現できるかもしれません。

ほかにも、アルムナイをきっかけに、営業につながるようなケースもあります。

最後のメリットは、採用ブランディングです。

元社員が活躍することにより「あの会社に入ったら成長できる」というイメージが形

成されると、自然と成長意欲が高い人が集まります。採用市場が、超売り手市場と言われる昨今、このブランディングは大きな武器になります。

日本でアルムナイによるブランディングに成功しているのは、リクルートと外資系コンサルティング会社でしょう。

リクルート出身の起業家や独立して活躍している方は、枚挙に暇（いとま）のないほどたくさんいます。「起業したいからリクルートを選んだ」という人に会うことも珍しくありません。

外資系コンサルティング会社出身は、有名な方だと大前研一さん、DeNA創業者の南場智子さん、ラクスル創業者の松本恭攝さん。ほかにも、外資系コンサルティング会社出身で、大企業の役員を務めている方は多数います。

アルムナイが活躍することによって「この会社に入れば、自分も将来あの人みたいになれるかもしれない」と感じて、成長意欲の高い人が集まるようになってきます。

メリットだらけに思えるアルムナイ採用ですが、大きな注意点があります。会社に対するネガティブ感情が大きい状態では、アルムナイ採用は絶対に成功しません。

昨今、話題に上がることの多い、退職代行をつかって退職をした社員をアルムナイ採用できる可能性はほぼゼロです（会社側も退職代行をつかって辞めた方を採用したくないと思いますが）。アルムナイ採用を実現するには、いわゆる円満退社が前提です。

離職対策についてお伝えする本の中で、退職することが前提のアルムナイ採用をご紹介していることに違和感があるかもしれません。しかし、**人材確保を目的と考えれば、今後ますます広がるであろうアルムナイ採用は、有効な手段の一つ**になり得ます。

この章のテーマは「組織のマインドのアップデート」です。

なんとしてでも引き留めるとか、辞めさせないことだけを目的にするのではなく、多様な人材確保の方法の一つとして、アルムナイ採用も選択肢として考えることが大切です。

人材育成とコミュニケーションの改善は組織全体で

社員定着のためには、入社後の教育も非常に重要です。

一般的に日本企業の人材育成は、実務を通じた教育＝ＯＪＴ中心と言われます。

一方で、ＯＪＴのやり方が統一されている会社は、多くありません。同じ会社でも、配属先によってＯＪＴの方法が違うだけでなく、同じ部署でも人によってやり方が違うケースも珍しくないのです。

結果的に、ＯＪＴに不満を覚えて、早期離職となっているケースもあります。

早期離職者インタビューでは、ＯＪＴが充実していたと回答する方は少数派です。

なかには「ＯＪＴなんてなかった」と言う方もいます。しかし、そう答えた方から元所属企業をお聞きして、その企業の採用ページを見ると「手厚いＯＪＴで安心」など、教育制度の充実をアピールしているなんてこともあります。
過去のインタビューの中から、ＯＪＴに関する話をいくつかご紹介します。

「配属後はＯＪＴ担当の方がいましたが、実務に合わせて具体的な業務内容の手順を教えてもらうことが中心でした。『早く一人前になりましょう』というスタンスで研修（期間）が進んでいきました」

（京都大学大学院卒業、大手食品会社の研究職を1年9か月で退職）

「配属後のＯＪＴはありませんでした。英語が話せるということで、ツアーで利用するホテルや交通機関を手配したり、売れ行きに合わせて調整したりする手配部に配属されたのですが、見て学べという姿勢でした。
それに加え、ちょうど配属されたときが忙しい時期だったこともあって、配属後3か月間はひたすらコピーをとったり、スキャンしたり、棚掃除をしたりする毎日でした」

（立教大学卒業、大手旅行会社を2年9か月で退職）

「（ＯＪＴは）まったくなかったです。それまで、その部署に新卒で配属されることがほぼなくて、中途の人が大半でした。そのため『なんでできないの？』という雰囲気を強く感じました。先輩たちも『一度教えたらできるよね』という感じで、新人教育に慣れている感じではありませんでした」

（国学院大学卒業、大手エンタメ業界を9か月で退職）

ここでご紹介したのは、いずれも大企業を退職した方の話です。新卒採用も数十名以上の規模で採用しているような会社で、ＯＪＴ制度がないとは考えにくいです。おそらく、制度としてのＯＪＴはあっても、実際の運用は各配属先任せになっているのが実情ではないでしょうか。

ＯＪＴ制度とメンター制度がごちゃ混ぜに？

最近では、ＯＪＴ制度に加えて、メンター制度を導入する企業も増えています。

メンター制度の定義は会社によって様々ですが、ここでは厚労省が２０１３年（平成25年）に発行した「女性社員の活躍を推進するための『メンター制度導入・ロールモデル普及マニュアル』」に記載されているメンター制度の説明をご紹介します。

メンター制度とは、豊富な知識と職業経験を有した社内の先輩社員（メンター）が、後輩社員（メンティ）に対しておこなう個別支援活動です。キャリア形成上の課題解決を援助して、個人の成長を支えるとともに、職場内での悩みや問題解決をサポートする役割を果たします。

厚労省が定義するメンター制度の特徴は2つあります。

①上司ではなく先輩社員がおこなうこと
②キャリア形成上の課題の支援をおこなうこと

この中でも、キャリア形成上の課題解決をするのが、ＯＪＴとは大きく異なる点です。しかし、ＯＪＴ制度とメンター制度が、ごちゃ混ぜになって運用されている企業も少なくありません。

また、本来ならＯＪＴ担当とメンターは、別の人間が担うべきなのですが、同じ人が2つの役割を担っているケースも多く見られます。

私が代表を務めるカイラボでも、メンター向け研修をご提供しているので、メンター研修をやってほしいという問い合わせをいただくこともあります。

その際、必ず「御社のメンターの定義や役割を教えていただけますか？」と聞いています。

私の感覚としては、**本来のメンターの定義を理解し、役割を設定している会社は3割～4割程度**です。多くはＯＪＴ担当者との兼務であったり、ＯＪＴ担当の役割をメンターと呼び方を変えているだけだったりします。

ＯＪＴ担当やメンターの役割を、会社独自で設定すること自体を否定するつもりはありません。ただし、その会社独自の定義が社内に浸透していないのは問題です。

こんな例をご紹介します。

「仕事自体は好きだったので、少しでもまわりに話ができる環境があったら続けられていたと思います。それと、本社の人に相談できる環境があればよかったと思います。職場の人には言いにくいことや、やりにくいと思うことが言えたと思うので。もうちょっと打ち解けて、心を開いて相談をしたかったです。

新人のために1か月に2～3回くらい、メンターのような人が来ていましたけど、仕事のコツとかを教えて帰るみたいな感じで、悩み相談などをできるような雰囲気ではありませんでした。辞めることを決めたとき、完全に自分の心は閉じていたと思います」

（関西外国語大学卒業、化粧品会社の販売員を4か月で退職）


ＯＪＴ担当者やメンターを決めたとしても、その人以外が指導や相談への対応をしてはいけないわけではありません。

会社全体、職場全体で人を育てるという意識が何よりも重要です。

「理不尽なコミュニケーション」は簡単に減らせる

「ＯＪＴ担当者以外も指導をしていい」「むしろ職場全体で人を育てるのなら、ＯＪＴ担当者以外も指導をしたほうがいい」とお伝えしても、指導する側が尻込みをしてしまうケースもあります。指導することで、ハラスメントと言われるのが怖いのです。

ハラスメントの予防として、厚労省が定義している「職場のパワーハラスメント」の３つの要素を知っておくと役立ちます。

カイラボの行動基準

レッドカード

・無断欠勤
・嘘をつく
・情報を隠す
・相互の敬意を欠く言動

イエローカード

・わかったふりをする
・わからないことを聞かない
・時間を守らない
・発言しない

ファール

・目的を意識しない行動
・考えるだけで行動しない
・報連相の不足
・チャレンジしない

グリーンカード

・わかるまで徹底的に聞く
・行動しながら考える
・新しいことに挑戦する
・周囲への情報共有

①優越的な関係を背景とした言動
②業務上必要かつ相当な範囲を超えたもの
③労働者の就業環境が害される

このうち「①優越的な関係を背景とした言動」については、上司から部下に対する発言は基本的にすべて該当すると思っておいたほうがいいです。

ポイントは②です。業務上必要な指導は、パワハラにはなりません。そのためには、事前に業務上のルールを提示しておくことが大切です。細かいマニュアルは必要なく、行動指針や新人がやりがちな好ましくない行動を、NGと示しておくだけでも構いません。

ルール提示の例として、当社で学生インターンシップ向けに使用している行動基準をご紹介します。カイラボでは、行動基準をスポーツのルールにたとえ、レッドカード、イエローカード、ファール、グリーンカードの4つで表しています。

グリーンカードは推奨する行動ですが、ほかの3つはNG行為です。

レッドカードの内容は無断欠勤、約束を守らないなど、社会常識として当たり前のことです。

当たり前のことでも、あえてレッドカードとしています。

イエローカードは「わからないことを聞かない」などをあげています。

当社の学生インターンはフルリモートです。そのため、わからないことを聞いてもらえないと、こちらは学生の状況がわかりません。ですから、わからないことを聞かないのはイエローカードとしています。

「事前にルールで縛りすぎるとよくない」と思う方もいるかもしれませんが、実は指導する側にとっても大きな利点があります。ルール違反の行為があったときに「その行為はルールに違反しているからダメ」とだけ注意すればいいのです。結果的に教えられる側が理不尽と感じる指導も減らせます。

早期離職対策においては、理不尽と感じられる指導は絶対に避けたほうがいいのです。指導の理不尽さは、早期離職者へのインタビューでもよく聞きます。いくつかご紹介しましょう。

「先輩がやっているやり方を真似していると『そんなやり方はダメだよ』と言われることもあり、腹が立つことが多かったですね」

（日本大学卒業、ＩＴ企業のＳＥを4か月で退職）

「先輩は自分のスタンスを押しつけてくるタイプの人で、配属初日に『なんで、ここを（お客様に）説明しないの』とか『こんなこともできないの』と言われました。それが完全に自分とは合わないと感じてしまいました」

（地方私立大学を卒業、携帯電話販売の仕事を5か月で退職）

お説教が長いと嫌われるのは今も昔も同じです。最近では言い方に気をつけないとパワハラと言われてしまうかもしれません。そんな時代において、端的に「ダメなものはダメ」と伝えるためにも事前のルールは効果的です。

「何を」だけでなく「誰が」言っているかも大事

いくらルールが決まっていても、指導やフィードバックが響かないケースはあります。そういうときは大抵、指導する側と指導される側の信頼関係が崩れています。

信頼できない人からは、何を言われても心に響きません。部下や新人への指導においては、何を言っているかと同じくらい、誰が言っているかも重要です。

「何を言っているかと、誰が言っているかは同じくらい重要」とお伝えすると、反発する方もいます。誰が言っているかで判断していたら正しい判断ができないという主張です。たしかに、一理あります。

しかし、ここでお伝えしたいのは、自分が情報を受け取って判断するときではなく、自分が誰かに何かを伝えるときの心得です。**自分が何かを伝えるとき、相手は「何を言っているかではなく、誰が言っているか」で判断していると思ってください。**

普段から言行不一致の人や横柄な態度の人、裏で影口を言っている人が正論を言ったところで、部下や新人からすると「あなたに言われたくない」と思ってしまいます。

先ほどご紹介した「尊敬できる上司がいない問題」も同じような構造です。上司の普段の振る舞いを見て、モラルやマナーが守られていないと感じてしまい、尊敬できなかったという声は多く聞きます。

人材育成に携わる立場であれば、まずは部下や新人との信頼関係をつくることが非常に重要です。

信頼関係構築に必要な「3つの承認」とは？

ビジネスにおいて信頼関係が重要なことは、ほぼすべてのビジネスパーソンが感じています。

では、上司や先輩など若手・新人の指導をする立場の人間が、指導対象者との信頼関係をつくっていくために、必要なことはなんでしょうか？

上司と部下、先輩と後輩との信頼関係構築に必要なのは、上司・先輩からの承認のメッセージです。具体的には「ほめ言葉」「称賛」「感謝」などの言葉が必要です。

承認には、大きく分けて３つのタイプがあります。存在の承認、行動の承認、成果の承認です。それぞれの特徴を簡単にまとめてみます。

①存在の承認

相手の存在そのものを肯定すること。相手の人格や存在を否定せずに、無条件に受け入れること。挨拶や、相手の名前を呼ぶことなども存在の承認にあたる。

②行動の承認

相手がとった具体的な行動や発言を認め、評価すること。結果だけではなく、議論のプロセスなどを評価することで、学びや成長を促進する効果もある。

③成果の承認

成功や目標達成など成果を評価すること。相手の成功体験を認めることで自信が高まり、さらなる高い目標を目指すきっかけにもなる。

さて、ここでみなさんの承認の語彙力を試すテストをご紹介します。私が研修でよくやっているワークの一つです。

これから1分間で、普段つかっている「ほめ言葉」「称賛」「感謝」の言葉を思いつく限り書いてください。手書きでも、パソコンでも、スマホでも結構です。思いついたものをすべて書いてみてください。

さて、何個くらい書けたでしょうか？

研修では手書きしてもらうことが多いですが、1分間で5〜6個出ていたら多いほうです。1〜2個の方も少なくないですし、まったく思いつかない方も散見されます。

相手を承認する言葉（ほめ言葉や感謝の言葉）をどれだけ知っているかを、私は「承認の語彙力」と呼んでいます。**部下や新人との信頼関係構築には、承認の語彙力を高めることが重要です。**

参考までに、研修でよく見る承認の言葉の一部をご紹介します。

ありがとう／いいね／すごいね／おめでとう／○○さんがいてくれて助かった／お客さんも褒めてたよ／仕事早いね／いいアイデアだね／○○さんの資料は見やすいね

承認の語彙力を高めるときには、承認の3タイプのバランスが重要です。

普段あまり部下を褒めない方の場合、成果の承認に偏っている可能性があります。逆に、存在の承認は頻繁につかうものの、行動の承認が少ない方もいます。

自分の語彙力に偏りがないか確認し、足りていない部分があれば、ほかの人がつかっている承認の言葉を真似るなどして、意図的に承認の語彙力を増やしていく必要があります。

相手を承認するときは「3つのメッセージ」をつかう

承認の3タイプとは別に、承認の言葉にも3つのタイプがあります。**それは「①Iメッセージ、②Youメッセージ、③Weメッセージ」です。**

判断する基準は、言葉の主語が何かです。それぞれの特徴をご紹介します。

①Iメッセージ

話し手（承認の言葉を掛ける側）が主語。主に話し手の感情や考えを伝える。短い言葉が多く雑談中やチャットなどでも使用しやすい。

例としては「ありがとう」「（手伝ってくれて）助かったよ」「（あなたのがんばりに）刺激を受けてるよ」など。

②Youメッセージ

相手（承認される側）が主語。相手の行動・発言・努力・成果などを評価する。教育的な効果もある。行動や成果の直後ではないと効果は薄い。

例としては「あなたがつくった資料でコンペに勝てたよ」「あなたのリーダーシップでチームがまとまったよ」「あの発言で会議がよい方向に進んだよ」など。

③Weメッセージ

話し手を含めたチームや第三者が主語。共通の成果や行動を承認することで、相手のチームへの貢献意識や協働意識を高める効果が期待できる。

例としては「みんながあなたに感謝してるよ」「お客さんも褒めてたよ」など。

先ほど1分間で書いていただいた「普段つかっている承認の言葉」を見返してみてください。

I・You・Weメッセージに、偏りはなかったでしょうか？

一般的には、存在の承認に偏りがちな方はIメッセージが多くなり、行動の承認と成果の承認に偏りがちな方はYouメッセージが多くなります。

普段からＷｅメッセージをうまくつかっている方は、かなりの承認上手かもしれません。

ちなみに、私はＩメッセージが多いタイプです。理由は私の性格的なものもありますが、当社の業務環境にもあります。

カイラボは普段、全員がフルリモートで仕事をしており、副業で手伝ってくれているメンバーまで含めると、北は網走から南は長崎までメンバーが点在しています。そのため、チャットでのコミュニケーションがメインです。チャットは短い文章の応酬になる傾向があり、必然的にＩメッセージが増えます。

だからこそ、私は意図的にＹｏｕメッセージを発信するように心がけています。チャットでのコミュニケーションが多い企業の方のご参考になれば幸いです。

コミュニケーションと関係性のアップデートが重要

企業が働く人を選ぶ側から選ばれる側に変わったことで、企業内での上司と部下との関係性は以前よりも対等なものに変わりつつあります。

同時に、コミュニケーションのあり方も変化しています。

最近では、役職にかかわらずお互いのことを「さんづけ」で呼ぶ会社も珍しくなくなっていますが、これも関係性がより対等になったことによる、コミュニケーション変化の一つです。

上司の役割も変化しています。

部下に指示を出して組織としての成果を出すことだけでなく、部下の能力を引き出して成長を支援することが求められています。成長支援をするためには、上司自身も成長し続ける必要があります。

関係性の変化という点では「尊敬できる上司がいない問題」に代表されるように、**上司という役割であるだけで、無条件に部下が言うことを聞いてくれるわけではなくなっている**のです。この点は、多くの管理職の方が実感されていると思います。

ある大企業の管理職研修で「今は部下のほうが、上司より偉いじゃないですか」と発言された方もいました。

部下のほうが偉いは言いすぎだとしても、上司と部下の関係性が以前よりも対等なものになっているのは間違いありません。

対等な関係性の中で成果を残し、部下の成長支援をしていくためには、相互の信頼関係が不可欠です。今や管理職にとって、部下との信頼関係を築くスキルは必須といっても過言ではありません。

社員が辞めない組織にするために、上司と部下との信頼関係が大切なことは、多くの方が実感していると思います。

ただし、上司が思う信頼関係構築の方法が、部下には通用しないこともあり得ます。時代の変化や相手の性格、価値観、特性などを踏まえたうえでのコミュニケーションがとれるように、相手のことを知り、様々なコミュニケーション方法を学び、実践していく必要があるのです。

第3章のポイント

✓企業は「選ぶ側から選ばれる側」へ意識をアップデートしないといけない

✓「配属の希望を叶えなきゃダメ」は間違い。それよりも企業には「尊敬できない上司が多い問題」「未来を描けない上司が多い問題」の対策が求められている

✓人材確保に困っているならアルムナイ（出戻り）採用も一考しよう
✓そもそもＯＪＴは正常に機能しているか、組織全体で確認してみる
✓パワハラと言われるのが怖い？　注意点はこの３つ
①優越的な関係を背景とした言動をしているか？
②業務上必要かつ相当な範囲を超えていないか？
③労働者の就業環境が害されているか？
✓信頼関係を築くためには「若手の存在・行動・成果」の３つを承認する。その際は主語を使い分けて「①Ｉメッセージ、②Ｙｏｕメッセージ、③Ｗｅメッセージ」で伝える

第4章

社内コミュニケーションの活性化

～若手が成長する環境を整える

「承認、傾聴、共感」が離職防止のカギ

企業が人に選ばれる時代では、企業が人を選んでいた時代とはコミュニケーションのあり方も変化します。かつて企業と個人の関係は、上下の関係、命令と服従の関係でした。配属の命令に服従する代わりに、終身雇用や年功序列で報いるような関係です。

しかし、今は違います。これからは、企業と個人との信頼関係がより重要です。**信頼関係が崩れてしまっては、社員の定着率向上は見込めません。**

信頼関係構築のためには、相手への承認や感謝を伝えるのが重要なことは、第3章でお伝えしました。また、承認・感謝・賞賛の気持ちは、言葉にして伝える必要があること、そのためには承認の語彙力を高めるのが重要であることもご紹介しました。

言葉にして相手に何かを伝えるのと同じくらい大切なのが、話の聞き方です。

いくら仕事ができる上司でも、自分の話を聞いてくれないと感じれば、部下の立場では上司との信頼関係構築は難しいものです。

インタビューでも、上司に対して「話しかけにくい雰囲気」「話を聞いてくれない」という意見を聞くことは少なくありません。いくつか例をご紹介します。

「（上司に対して）『部下を駒としてしか見ていない』と感じていました。評価面談でのフィードバックも『私のことをちゃんと見てくれてないな』と感じることが多かったです。事前にスケジュールしていた評価面談を勝手にスキップされることもあり、不信感がありました。私に対してだけではなく、ほかのメンバーに対しても同じようなことをしている人でしたね」

（慶應義塾大学卒業、大手ＩＴ企業を2年10か月で退職）

「課長はすごく仕事ができる人でしたが、かなり変わっている人で、部署の人からはすごく嫌われていました。でも、私個人としてはすごく尊敬できる人でした。みんなは、課長を『話しかけにくい雰囲気でつかみどころがない』と感じていたようですが、私は新人なので話しかけてもらえることも多く、話しかけにくいとは思いませんでした」

（辞める相談ができなかった理由は）忙しくて外出していたり、会議に入っていたりが多かったので、結局、相談はできませんでした。辞めると言いに行ったときは『気づいてあげられなくてごめんね』と言われました」

（立教大学卒業、大手損保会社を6か月で退職）

2人目の方はおもしろい例です。周囲は「話しかけにくい」と感じていた上司でも、自分にとっては尊敬できる人で、その理由を「課長から話しかけてくれたから」と言っています。第3章でお伝えした「信頼関係づくりのための声掛け」ができていたからこそ信頼関係ができていたのでしょう。

一方で、部下の話を聞くという点においては、課長には課題があったようです。多くの管理職がプレイングマネージャーの今の時代においては、部下の話をしっかり聞けるかどうかは社員の定着という点でも非常に重要です。

なぜ今「傾聴」することが重要なのか？

「傾聴」という言葉を耳にしたことがある方も多いと思います。

最近では、管理職研修やＯＪＴ担当者・メンター研修で、傾聴の内容を入れてほしいというご要望は非常に多くなっています。それだけ、多くの企業が傾聴の重要性を感じるとともに、コミュニケーション課題と認識していることの裏返しでもあります。

傾聴は「積極的傾聴」とも呼ばれます。厚労省が運営する「働く人のメンタルヘルス・ポータルサイト　こころの耳」(https://kokoro.mhlw.go.jp/listen/listen001/) では、以下のような解説が載っています。

「積極的傾聴（Active Listening）」は、米国の心理学者でカウンセリングの大家であるカール・ロジャーズ（Carl Rogers）によって提唱されました。

ロジャーズは、自らがカウンセリングをおこなった多くの事例（クライエント）を分析し、カウンセリングが有効であった事例に共通していた聴く側の3要素として「共感的理解」「無条件の肯定的関心」、「自己一致」をあげ、これらの人間尊重の態度にもとづくカウンセリングを提唱しました。

「共感的理解」にもとづく傾聴とは、具体的に言うと、聴き手が相手の話を聴くときに、相手の立場になって、相手の気持ちに共感しながら聴くことです。

「無条件の肯定的関心」を持った傾聴とは、相手の話の内容が、たとえ非常識な内容であっても、初めから否定することなく、なぜそのようなことを考えるようになったのか関心を持って聴くことです。

「自己一致」にもとづく傾聴とは、聴く側も自分の気持ちを大切にし、もし相手の話の内容にわからないところがあれば、そのままにせず聴き直して内容を確かめるなど、相手に対しても自分に対しても真摯な態度で聴くことです。

ここで紹介されている「共感的理解」「無条件の肯定的関心」「自己一致」の3つは、ロジャーズの3原則と呼ばれ、傾聴の基本です。ロジャーズの3原則については後述しますが、どんな内容であっても、いきなり相手を否定しない、共感しながら聞くという点は、多くの方が「今の時代に必要だ」と感じているのではないでしょうか。

傾聴の力は、管理職やOJT担当などだけでなく、若手社会人にも求められていま す。経済産業省が掲げる「人生１００年時代の社会人基礎力」の中で、社会人に必要な12の能力要素の一つとして「傾聴力」があげられています。

これほどまで傾聴力が求められる理由の一つが、共感の重要性です。ロジャーズの3原則に共感的理解があることからもわかるように、傾聴と共感は深い関係にあります。

昨今、ビジネスでの「共感」の重要性は高まっています。マーケティングの領域では共感マーケティングという言葉があるほどです。

人材確保においても「共感採用」という言葉があります。処遇や福利厚生ではなく、企業の理念やパーパス、ミッション、ビジョンに共感できる人を集める手法です。

共感を集めるためには、情報発信だけではなく、相手の考えを深く知ることも重要です。そして、相手の考えを深く知るために重要なのが傾聴なのです。

信頼関係を築くための「傾聴3原則」

傾聴が共感と大きく関わる理由の一つが、共感には信頼関係が不可欠だからです。同じことを言われても、信頼できない人から言われたら共感できないのに、信頼できる人から言われれば共感できる、というような経験は誰もが一度はしたことがあるのではないでしょうか。

先ほどご紹介した3原則は、相手との信頼関係を築くうえで非常に重要です。

ロジャーズの3原則について、改めて整理しておきましょう。3原則とそれぞれの概要を簡単にご紹介します。

原則①共感的理解：相手の立場になって聞く
原則②無条件の肯定的関心：まずは否定せずに受け入れる
原則③自己一致：わからないことは素直に聞き直す

「原則①共感的理解」は、その名の通り、相手に共感しながら話を聞くことです。一言で共感と言っても、実は2種類あります。「認知的共感」と「感情的共感」です。

認知的共感とは、相手の立場になって物事を考えることです。相手の立場から見える（認知する）もの・ことを想像することで共感します。

感情的共感とは、相手が感じているのと同じように感情を共有することです。物語の主人公に自己投影して、思わず涙が出てしまうのは感情的共感の一種と言えます。

共感的理解で必要なのは認知的共感です。

たとえば、上司が新人と話をするときは、新人だったらどんな悩みがあるか、どんな不安があるかを、想像しながら話を聞く必要があります。

このとき注意したいことは、上司が「自分が新人だったとき」を思い出しながら話を聞くのは、認知的共感ではないという点です。それでは、上司の過去の記憶をたどっているに過ぎず、相手（この場合は新人）の立場に立っていません。

上司が新人だったころを参考にしつつ、今の時代背景や新人の性格などを加味して、新人ならどんな悩みや不安があるのかを想定することが必要です。

「原則②無条件の肯定的関心」のポイントは「無条件」であることです。

どんな話の内容であったとしても、まずは肯定的に受け入れることで、話し手にとっては安心感につながります。

もう一つ、無条件の肯定的関心には大切なポイントがあります。肯定していることを言葉や態度で相手に示すことです。

相手を肯定することと、否定しないことは違います。傾聴で大切なのは肯定することです。うなずき、あいづちはもちろん、相手の目を見て話を聞くこと、ほかの作業をしながら話を聞かないことなどは、相手に肯定の気持ちを伝えるうえで大切です。

最後の「原則③自己一致」は、実は最も重要でありながら、最も忘れられやすい内容です。**傾聴における自己一致とは、自分の気持ちと聞いている態度を一致させること、つまり、一度聞いてもわからないことは素直に聞き直すことです。**

傾聴を間違って認識されている方の多くが、傾聴における自己一致の重要性を理解できていません。むしろ、傾聴するときは、相手の言うことをすべて素直に聞かなければいけないと思っているために、聞き直すことがＮＧとすら思っている方もいます。それでは傾聴ではなく、ただの聞いたフリです。

「うん、そうだね。わかるよ。そうだよね、大変だよね……」

いつまでもこんな言葉ばかり並べているのは、傾聴ではありません。

自己一致を実践すれば、たとえば「あなたの話は、まだ腑に落ちない部分があるから、もう一回話してもらっていい？」などの聞き方ができます。

傾聴では、わからない部分や納得できない部分は、素直に聞き返すことも重要です。もちろん、聞き方は共感的理解と無条件の肯定的関心を意識しながらも、表現には気をつける必要があります。

理想の上司・先輩の条件は「親しみやすさ」

今の時代に傾聴や共感が重要なことは、明治安田生命が毎年実施している「新入社員が選ぶ『理想の上司』総合ランキング」を見るとよくわかります。

男性上司、女性上司のそれぞれで、理想の上司を選んだ理由とともに回答するのですが、２０２４年2月発表の調査では、なんと男女ともに8年連続で同じ人物がトップをとっています。

男性上司の1位は内村光良（うちむらてるよし）さん。お笑いコンビ「ウッチャンナンチャン」のウッチャンです。１９６４年7月生まれなので、２０２４年12月の執筆時点で60歳です。この年齢で新入社員から理想の上司に選ばれているのは、個人的には意外です。

女性上司の1位は水卜麻美（みうらあさみ）さん。現役の日本テレビアナウンサーであり、実際に日本テレビで管理職を務めているそうです。

ランキング順位以上に注目したいのが「理想の上司を選んだ理由」です。選んだ理由を見てみると、今の若者が上司に求めているものがわかります。

内村さん、水卜さん、どちらも理由のトップは「親しみやすい」です。

理想の上司を考えるときに親しみやすさがトップになるのは、今の若者に求められる上司像を考える際に大きなヒントになります。

過去の同調査も見ていきましょう。２０１６年（内村さん、水卜さんの連覇が始まる前の年）は、理想の男性上司は松岡修造（まつおかしゅうぞう）さんで、理由は「熱血」です。

また理想の女性上司は天海祐希(あまみゆうき)さんで、理由は「頼もしい」というものでした。松岡さんと天海さんはタイプこそ違いますが、イメージとしては先頭を切って組織を引っ張ってくれたり、時には厳しい言葉も含め、叱咤激励してくれたりするような印象があります。

なお松岡さんは２０１５年が２位で、２０１６年が１位。天海さんは２０１０年から２０１６年まで７年連続１位です。２０１６年ごろまでは、先頭で引っ張るタイプの上司が求められていたのかもしれません。

ちなみに、天海さんは２０２４年発表の調査でも２位ですが、松岡さんはランク外となっています。松岡さんの熱血は、今の時代にはマッチしないということでしょうか。

一方で、天海さんが選ばれている理由の「頼もしい」の項目は、内村さんを選んだ理由でも２位に入っています。親しみやすさと頼もしさが、今の若者世代から求められる上司像と言えそうです。

求められるリーダー像の変化「サーバント＆シェアド」

学術的な観点から見ても、求められるリーダー像は変わっています。

リーダーに求められる資質のことを、一般的にはリーダーシップと言います。

このリーダーシップ研究の変遷を見ると、求められるリーダー像が変化していることがよくわかります。

リーダーシップ理論の研究は、紀元前には始まっていたと考えられています。すぐれた指導者などの偉人には共通点があると考え、その共通点をリーダーの特性とした「特性理論」が起源とされています。

特性理論を含め、リーダーシップの研究には、これまでおおまかに5つの流れがありました。『これからのリーダーシップ 基本・最新理論から実践事例まで』（堀尾志保／舘野泰一、日本能率協会マネジメントセンター）から簡単にご紹介すると以下の通りです。

①特性理論
リーダーの特性に着目、紀元前〜20世紀初頭まで

②行動理論
リーダーの行動に着目、１９４０年〜１９６０年代ごろ

③状況適合理論
状況に応じたリーダーの違いに着目、１９６０年代〜１９７０年代ごろ

④交換理論
リーダーとメンバーとの関係性（交換関係）に着目、1970年代
⑤変革型リーダーシップ理論
変革を成し遂げるリーダーに着目、1980年代～

これらに続く6つ目のリーダーシップの流れが「サーバントリーダーシップ」や「シェアドリーダーシップ」という考え方です。

サーバントリーダーシップとは、組織のメンバーを支配するのではなく、組織のメンバーに奉仕することで組織のメンバーを導くリーダーシップです。

日ごろは目立たないけれども、陰でメンバーの支えとなり組織を成功へと導きます。従来型のトップダウンのリーダーやカリスマリーダーとは正反対の概念です。

サーバントリーダーシップの概念は、1970年にアメリカの教育コンサルタントであるロバート・K・グリーンリーフによって提唱されました。

概念自体は決して新しいものではありません。それが近年になって注目されているのは、まさに時代が求めているリーダーシップだからでしょう。

サーバントリーダーシップを理解するには、提唱者のグリーンリーフの名を冠したグリーンリーフセンター所長が提唱する、サーバントリーダーシップを発揮するための10の特徴がわかりやすいので、こちらも前掲書をもとにご紹介します。

①傾聴
相手の話に耳を傾け、話を引き出す
②共感
相手の立場にたち、気持ちに理解を示す
③癒し
相手に寄り添い、本来の力が発揮できるように支援する
④気づき
先入観や偏見にとらわれず、常に気づきを得ようとする
⑤説得
一方的な指示・命令ではなく、相手の納得感を醸成する
⑥概念化
組織のありたい姿から状態を大局的にとらえ、情報を概念化して考える

⑦先見性

次に起こることを見通し、方針や筋道を立てる。

⑧奉仕

自分の利益よりも、組織や相手のニーズに尽くす

⑨成長への関与

組織メンバーの成長に関心を持ち、関与する

⑩コミュニティづくり

メンバー同士が共同し、ともに成長していくための場をつくる

10の特徴の中で、⑤説得、⑦先見性、⑨成長への関与などは、従来型のリーダーシップでも似た内容が求められていましたが、**最初に①傾聴、②共感、③癒しなどの項目があがっているのは、従来型のリーダーシップと比較すると特徴的**です。

サーバントリーダーシップとともに注目されているのが、シェアドリーダーシップです。**シェアドリーダーシップとは、組織のメンバー一人ひとりがリーダーシップを発揮している状態です。**

サーバントリーダーシップは、リーダーのあり方を語っているのに対し、シェアドリーダーシップはチーム全体の状態を指していることが大きな特徴です。

メンバーの一人ひとりがリーダーシップを発揮するわけですが、決して「お前、今からリーダーシップを発揮しろ」と言われているわけではありません。状況に応じて、自分の得意・不得意などを考慮し、リーダーシップを発揮していく組織の状態です。

ここでのリーダーの役割は、各メンバーが状況に応じて、リーダーシップを発揮しやすいような環境をつくることにあります。

サーバントリーダーシップもシェアドリーダーシップも、成功させるために絶対に必要な2つの要素があります。組織の目的共有とリーダーとメンバーとの信頼関係です。

そして、目的共有にも信頼関係構築にも重要になるのが「共感」です。

コミュニケーションは「理解、納得、共感」の順で

では実際、相手がこちらに共感するまでには、どんなプロセスがあるのでしょうか。

人がコミュニケーションをする中で、共感にいたるまでには3つの段階があります。

理解→納得→共感の順番です。

「理解、納得、共感」は、私が新入社員のころ、先輩のコンサルタント（先輩と言っても50代の超ベテランのコンサルタントです。上司・部下という概念がない会社だったため「先輩」と表現しています）から頻繁に言われた言葉です。

「相手を動かすには、理解してもらうだけでは不十分であり、納得してもらえなければ相手は動かない。主体的に動いてもらうためには、共感してもらう必要ある」

このようなニュアンスで、何度も何度も言われました。

一般的には、論理性を重視するイメージの強いコンサルティング業界において、ベテランの先輩から「理解しもらうだけではダメ」と言われたことは、当時の頭でっかちな私にはインパクトがありました。

理解とは、論理的に頭でわかっている状態です。理解しているけど納得できないから行動できないという経験は誰しもが一度はあるのではないでしょうか。

たとえばSNS上には、フォロワーを増やす方法などのノウハウがあふれています。以前、私が見かけた内容では「制限文字数ぴったりの投稿を毎日10件以上すること。ほかの人への投稿は制限がかかるまで『いいね』をし続けること」と書いてありました。

理解→納得→共感

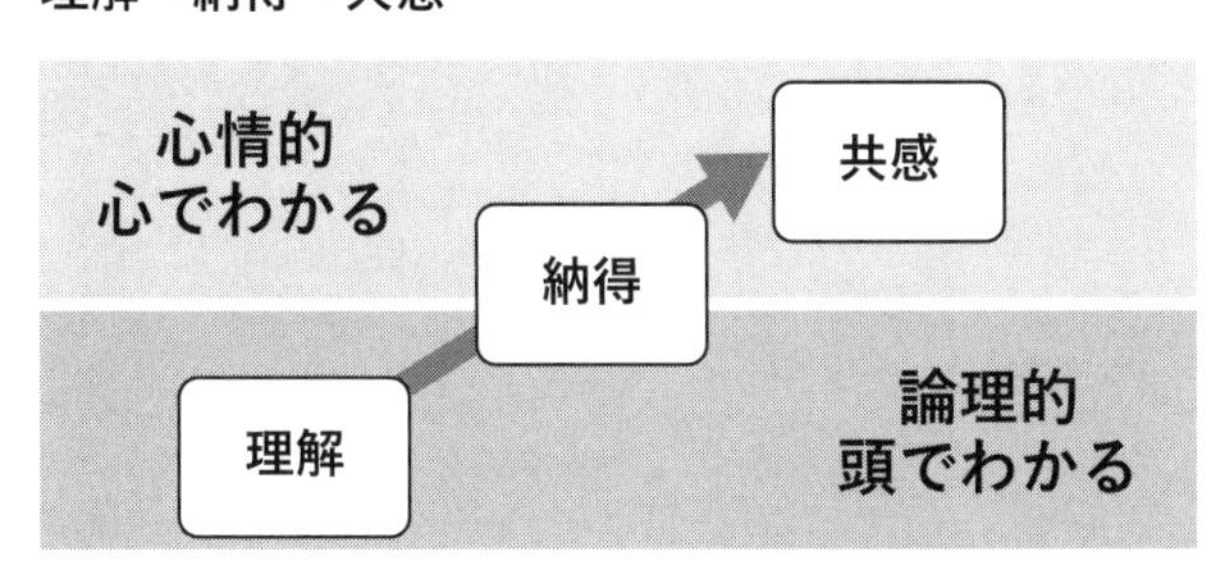

この方法なら、たしかにフォロワーは増えるのかもしれませんが、やりたいとは思えませんでした。これが、理解しているけど納得はしていない状態です。

気持ちの状態を言葉にするなら「わかってはいるけど、やりたくない」とか「言っていることはわかるけど、なんかむかつく」などがあてはまります。

納得の次の段階が共感です。ここで言う共感とは、先ほど出てきた認知的共感と感情的共感で言えば、主に感情的共感を指します。思わず感情移入してしまうような状態です。ビジネスの場面で感情的共感は起きにくいですが、だからこそ感情的共感が起きたときの効果は大きいのです。

共感までは難しくても、コミュニケーションをとるのであれば、相手を納得のレベルまで到達させることを意識する必要があります。

とくに、普段から論理性を大切にする方ほど注意が必要です。論理的に正しい主張で相手を論破してしまうと、理解はしているが納得はしていない状態に陥りがちです。納得を得るためには、論理性とは別の信頼感や安心感などが必要です。そのために重要なのが、本章の冒頭でもお伝えした承認や傾聴です。

次項からは具体的なコミュニケーションのとり方について、実際の現場で生じた若手社員の不満を踏まえ、より詳細にお伝えしていきます。

「相手と時代に合わせた」具体的な解決策

コミュニケーションにおいて相手に納得してもらうためには、論理性だけではなく信頼感や安心感も不可欠ですが、２０２０年以降、コミュニケーションでは新たな問題が発生しています。オンラインコミュニケーションでの問題です。

新型コロナウイルス対策で、急激にリモートワーク・テレワークを導入した（せざるを得なかった）組織も多く、今までと同じコミュニケーションがとれずに、困っているという話題は非常に多く聞きます。２０２０年の緊急事態宣言をきっかけに、急激に増えたリモートでの仕事ですが、最近では出社に回帰する動きが見られます。

２０２４年に株式会社月刊総務が、テレワークを実施している企業におこなった「B

CP・BCMとコロナ対応の振り返りについての調査」によると「あなたの会社はオフィス回帰していますか？」という質問に対して、半数以上の企業が「出社が増えている」と回答しています。詳細の結果は以下の通りです。

・出社が増えている　52・1％
・ハイブリッドな働き方を継続している　41・0％
・テレワークを基本とした働き方をしている　6・6％

また、同調査の「オフィス回帰でよかったと思うこと」という質問に対しては「コミュニケーションが取りやすい」が89・5％で最多の回答です。2位の「マネジメントがしやすい」が36・8％なので、ダントツの1位と言えます。

別の民間調査でも、オンラインコミュニケーションの課題として、コミュニケーションのとりにくさが上位にあがっています。**働く人たちにとって、オンラインコミュニケーションは大きな課題の一つと言えるのです。**

オンラインコミュニケーションがうまくいかない理由は、非常にシンプルです。オフライン（＝対面）とまったく同じコミュニケーションを、オンラインでやろうとするからうまくいかないのです。対面には対面のコミュニケーションのコツがあり、同様にオンラインにはオンラインのコミュニケーションのコツがあります。

それぞれのコツを状況に応じてつかい分ける必要があります。

オンラインコミュニケーションの特徴の一つは、対面に比べると情報が限定的になることです。とくに、相手の感情を推察するための情報が極端に少なくなります。

相手の感情がわからないため、不安になって発言できなかったり、空気が読めずに一方的に話しすぎてしまったりということが起こります。

ですから、オンラインコミュニケーションでは、感情情報をうまく伝えることがポイントです。

ビジネスにおいて「感情情報を伝える」と言われると、拒否反応を起こす方も少なからずいらっしゃいます。ただ、ここで言う感情は基本的にはポジティブな感情です。うれしい、楽しい、おもしろい、今は機嫌がいいなどの感情を、意図的に相手に伝えることが、オンラインコミュニケーションをうまくすすめるコツです。

なぜなら、ポジティブ感情であることを伝えないと、オンラインの相手はあなたの機嫌がいいのか、怒っているのか、泣いているのかわからないからです。

もしかしたら怒っているかもしれない相手には、連絡しにくいと感じるのは当然です。だからこそ、**意図的にポジティブな感情を伝える必要がある**のです。

最近では、新しいハラスメントの種類として「マルハラ」という言葉も登場しています。メールやチャットなどで、文末に「。」つまり句点が打ってあると、怒っているように感じるので、ハラスメントだという意見です。

ハラスメントかどうかはさておき、なぜ文末に「。」がつくと怒っているように感じてしまうのでしょうか。

理由は、感情情報がないからです。いや、むしろ若い人のあいだでは、文末に「。」を打つことは怒りの感情を表している、とすら感じられるのかもしれません。

どちらにせよ、ポジティブ感情が一切伝達されていないことが問題です。

オンラインのカメラは「ON」が正解

対面のコミュニケーションにおいて、人は常に相手の感情を察しながら会話をしています。相手の感情を察するときに、最も参考にしているのは相手の表情です。

感情の判断においては、表情が55％、声のトーンや声色が38％、言葉そのものの意味は7％の影響と言われています（これを「メラビアンの法則」と言います）。

たとえば「ありがとう」という感謝の言葉を、悲しい顔で、怒っているような声で伝えると、多くの人は「悲しい顔」に着目し、相手は悲しいのだと判断するのです。

オンラインコミュニケーションで、よく話題にあがる「カメラON／OFF」問題も、感情情報の伝達という点で言えば、絶対ONにしたほうがいいです。様々な事情によりOFFにせざるを得ないなら、ONのときよりも意図的に声のトーンや声色について、機嫌のよさが伝わるように楽しく明るい雰囲気の話し方をする必要があります。

当然ですが、カメラOFFのほうが感情情報は伝わりにくくなるため、コミュニケーションの難易度は高くなります。カメラOFFにするのは、それだけでコミュニケーションのハードルを一段上げているのです。

カメラも、単純にONにすればいいわけではありません。カメラONの場合は表情が相手に伝わるわけですから、仏頂面やしかめっ面をしていてはマイナス効果のほうが大きくなります。常に笑顔は難しいにしても、うなずくなどのジェスチャーをしながら、ポジティブ感情を伝えていく必要があります。

オンラインコミュニケーションにおいては、とにかくポジティブな反応を意図的に何度も、しつこいくらいに伝えることが大切です。

表情、声のトーン、ジェスチャー、チャットなどを活用しながら、何度も、何度も、何度もみなさんのポジティブな感情を伝えていきましょう。

チャット活用でコミュニケーションは円滑化する

オンラインコミュニケーションでは、チャットをうまく活用することも重要です。最近では社内システムにチャットが組み込まれていることも珍しくないでしょう。LINEで連絡をとっている場合も、ほぼチャットと同じと考えられます。チャット活用のポイントは、短く、スピーディーに、何度も連絡することです。

チャットの特徴としては、即時性、手軽さ、オープンなコミュニケーションの3つがあげられます。それぞれの特徴を簡単にまとめてご紹介します。

①即時性

メールに比べ挨拶などを省くため短時間で入力ができる。メールの送受信サーバーを経由しないため、一般的にはメールよりも通知される速度も速いと言われる。

②手軽さ

短文やスタンプなどでの手軽なコミュニケーションが基本。基本的にスマホ対応していることが多いため、外出先などでも対応しやすい。

③オープンなコミュニケーション

複数人が同時にチャットに入っていることが基本なので、情報共有や意思決定がスムーズにしやすい。

チャットは個別のやりとりも可能ではありますが、基本的には同時に複数人が参加するオープンな場でのやりとりがおすすめです。

オープンな場で、みんなが様々な意見をやりとりしているのがチャット内で可視化されると、ちょっとした質問ならチャットでできる雰囲気が醸成されていきます。

チャットでは、新しい情報が次から次へと流れていくため、慣れるまでは情報の取捨選択が大変な面もありますが、慣れてしまえばそれほど気になりません。

個人的な意見としては、未読メールがどんどんたまっていくメールフォルダよりも、チャットで情報が流れていくほうが楽です。

何より、チャットは社内やプロジェクトメンバーしか入れないため、迷惑メールやメルマガなどが混じらないので、仕事が進めやすい利点があります。

まれに、チャットでもメールと同じように宛先や挨拶文を入れている方を見ますが、チャットの特性を活かすという点ではおすすめできません。

おそらく、そういう会社は経営陣や管理職が、メールのマナーをチャットにも持ち込んでいるのでしょう。しかし、チャットの特性を活かすのであれば、経営陣や管理職こそ、コミュニケーションのやり方をアップデートしていく必要があります。

部下の「報連相」には「お・ひ・た・し」で対応

新社会人が会社に入ってまず学ぶことと言えば、マナーと「報連相(ホウレンソウ)」でしょう。報＝報告、連＝連絡、相＝相談の頭文字をとって報連相と言われ、新入社員研修では定番の内容です。

新入社員は報連相の仕方を学ぶ一方で、残念ながら管理職の多くは、報連相を受けた後の対応方法を学んでいません。報連相を受けたときの対応は「お・ひ・た・し」です。ホウレンソウにはおひたし、覚えやすいですね。**おひたしとは、怒らない、否定しない、助ける、指示するの4つの頭文字をとったものです。**

早期離職者インタビューでは、おひたしと反対の指導・教育に対する怒りの声をよく耳にします。

「現場たたき上げの先輩だったのですが、とにかく自分のスタンスを押しつけてくるタイプの人で、配属初日に『なんで、ここを説明しないの』『こんなこともできないの』と言われました。その時点で完全に自分とは合わないと感じていました。先輩から『私は教える立場にないから』と言われたこともありました。私がうまくできていない部分があるのもわかるし、自分が変わっていかないといけないことはわかっていましたが、そのような態度をとられたことはショックでした」

（地方私立大学を卒業、携帯電話ショップの販売員を5か月で退職）

「入社前の夏休みに、在宅で3日間の研修と2週間ほどテレアポをする期間がありました。内定者の中でテレアポの成績で順位をつけていき、その結果と適性で配属先を決めると聞いていました。

テレアポのインターンは正直かなりきつかったです。アポイント数を求められることもありますが、在宅なので誰にも相談できない、頼れないきつさがありました」

（関西学院大学卒業、営業コンサルティング会社を2か月で退職）

どちらの事例も「おひたし」とは正反対の行為をしていることがわかります。怒る、否定する、助けない、具体的な指示をしないコミュニケーションです。

「在宅なので誰にも相談できない、頼れないきつさがありました」という言葉は、「助ける」「指示する」の重要性を示す象徴的な言葉です。

最近では、怒鳴るような怒り方をする方はだいぶ減りましたが、相手が「この人は心の中では怒っているんだろうな」と思われるだけでも、コミュニケーションはとりにくくなるものです。否定することで「怒っている」ととらえる人もいます。

もちろん、ダメなものはダメと指摘することも大切ですが、頭ごなしに否定するのではなく、ダメな理由も丁寧に説明することとセットで否定することが重要です。

意外と見落としがちなのが「助ける」と「指示する」の2つです。

いくら上司や先輩が「わからないことがあったらいつでも聞いてね」と言ったところ

で、部下や後輩は気軽には相談できないものです。だからこそ、ときには悩みそうなポイントなどには先回りして、助けてあげることも必要です。

その際も「何か困ったことある？」ではなく「新人の人はここに苦戦する人が多いけど○○さんは苦戦してない？」と聞けば、相手は相談がしやすくなるかもしれません。ちょっとした言葉のかけ方を変えるだけで関係性が変わったり、相手の行動が変わったりすることはあります。

だからこそ、時代に合わせたコミュニケーションへのアップデートが重要です。

意欲低下の若手に効果的な3ステップとは？

いくら信頼関係の構築を心がけても、最初からモチベーションが低い状態で入社してくる人や、不本意な配属で意欲が低下している人もいます。

また、最初はモチベーションが高かったのに、仕事で壁にぶつかり、仕事への意欲が下がる時期は多くの人が経験することでしょう。もし、みなさんの部下や部署の後輩が意欲低下に陥っている状態であれば、3つのステップで接してください。

その3ステップとは「不安解消」→「自信醸成」→「成長意欲醸成」です。

最初のステップは「不安解消」です。

仕事をするうえで、小さな不安はつきものです。怒られたらどうしよう、変な奴だと思われたどうしよう、評価が下がったらどうしよう、目標達成できなかったらどうしよう、失礼なことをしてしまったらどうしよう……。

新社会人に限らず、年齢を重ねてもほとんどの人は、大なり小なり不安な気持ちを持っています。だからこそ、最初に不安を解消してあげる言葉をかけましょう。

具体的には「不安な気持ちがあるよね」「最初から完璧は求めてないから大丈夫」などの言葉です。状況によっては「評価が下がることはないよ」「引き続きプロジェクトには参加してもらいたいと思っているよ」など、本人が不安に思っていることを先回りして不安を解消することも効果的です。

ただし「失敗しても大丈夫だよ」「失敗を気にしなくていいよ」などの「失敗」という言葉をつかうのは要注意です。上司としては「失敗しても大丈夫」と思っていても、新人や若手としては「失敗したくない」という気持ちが強い場合もあります。

明確な狙いがある場合以外は「失敗」という言葉は避けることをおすすめします。

不安を解消したうえで「自信醸成」です。

先の不安解消がマイナス状態をゼロに戻すものだとすれば、自信醸成はゼロをプラスにしていくイメージです。自分に自信が持てるかどうかは「自己効力感」とも呼ばれ、近年注目されています。

自己効力感とは、自分なら困難も乗り越えられるという感覚のことです。一般的な言葉に置き換えれば「自信」が近いですが、根拠がなくても「自分ならできる気がする」という自分を信じる力のことを言います。

なお、自己効力感を高める方法は４つあると言われています。

方法①制御体験：自分自身の成功体験
方法②代理体験：お手本となる他者の成功体験を見る、聞く
方法③言語的説得：周囲からの言葉の影響によって自信を深める
方法④心理的・感情的状態：気持ち的な安定により「できる気がする」と思えること

職場で、最も実践しやすいのは「言語的説得」です。

「きみならできるよ」とか「きっとできるから大丈夫だよ」などの言葉をかけ続けるこ

とは自信を持ってもらうためには非常に重要です。

不安の解消と自信の醸成ができたら、いよいよ「成長意欲醸成」です。

この段階になって、やっと「高い目標を掲げよう」とか「もっとできるよ」などの言葉や、目標が具体的でなければ、より具体的にするにはどうしたらよいかを考えさせることが有効となります。また、目標実現のための行動計画をつくるのもこの段階です。ほかにも「もっとチャレンジしよう」とか「あなたの成長にもつながるからやってみよう」などの声掛けも、成長意欲醸成の段階になってからのほうが効果的です。

目標達成のためには、ときに厳しい指摘も必要になりますが、それはあくまで不安解消と自信の醸成という土台があってこそ。人材育成に関わる方々は「不安解消→自信醸成→成長意欲醸成」の順番を覚えてください。

ティーチングとコーチングのつかい分け方

部下指導や後輩指導に不可欠なのが、ティーチングとコーチングのつかい分けです。ティーチングとは、いわゆる「教える」ことです。教師のことを英語で「Teacher」

というので、イメージがつきやすいと思います。

一方、コーチングという言葉は馴染みがないかもしれません。私の感覚ですが、人事関係の方で「コーチングという言葉を知らない」という人はほとんどいませんが、人事以外の方でコーチングという言葉を理解している方は２割もいないと思います。

コーチングの定義は、資格制度をつくる団体によっても違うため、明確な定義が難しいのですが、ここでは日本最大規模の人事向けポータルサイト「日本の人事部」のサイト内にある「人事辞典『ＨＲペディア』」からコーチングの定義をご紹介します。

コーチングとは、指示ではなく対話によって相手に気づきや新たな視点を与えることにより、自己の成長や目標達成に必要な行動プロセスを導き出す人材開発手法のことです。変化の激しいビジネス環境において、自ら目標達成へのステップを描ける人材を育成するために活用されています。

（中略）コーチやコーチングという言葉を聞くと、指導によって人を動かすスキルをイメージされることが多いようです。しかし、コーチングは相手を指導し、動かすことが目的ではありません。コーチングには、相手への問い掛けを通じ、自発的な行動を促すことが求められます。

コーチングの特徴は、大きく以下の3つにまとめられます。

①指示ではなく対話であること。

②新たな気づきや視点を与えること。

③相手への問い掛けを通じて、自発的な行動を促すこと。

うまく活用すれば効果的なコーチングですが、むやみやたらにコーチング的な手法をつかおうとしたり、ティーチングを否定してコーチングだけに頼ろうとしたりなど、間違ったコーチング活用で混乱している組織があることも事実です。

コーチングは相手に問い掛けながら、自発的な行動を促していくわけですが、そのためには相手（今回の場合は主に新人や若手を想定しています）が、目標達成のために必要な知識や経験を有していることが前提です。

知識や経験が十分ではない相手に「あなたはどう思うの？」とか「まずは自分なりに考えてみよう」と言っても、効果がないどころか「上司から突き放された」とか「うちの会社は教育をしてくれない」などのネガティブ感情を生みかねません。

人材育成の基本は「ティーチング→コーチング」の順番です。

まずはティーチングでしっかりと基礎を教えます。業界の知識や自社の商材に関する情報を教えるのは当然として、業務のコツなども教えていく必要があります。

たとえば営業であれば、新規の問い合わせから成約までのあいだに、どんな仕事があるのかなどの仕事の全体像を把握してもらったうえで、各プロセスでのコツなども伝える必要があります。

何の知識も与えていない状態で「さっきの商談どうだった？」とか「今回の件を成約させるにはどうしたらいいと思う？」などの質問をしたところで、新人は困惑します。

業務指導の基本「4段階職業指導法」

コーチングの前に、ティーチングでしっかりと教えることが大切ですが、教えるときにも効果的な教え方があります。

日本の企業教育はＯＪＴが中心と言われますが、ＯＪＴの原点と言われる指導方法が４段階職業指導法です。

その名の通り、指導を次の４段階に分けておこないます。

①Show：見せる
②Tell：説明する
③Do：やらせてみる
④Check：確認・補足

もともとは、第一次世界大戦中のアメリカで、造船所の人員を育成するための手法として生まれたと言われています。この４段階職業指導法が発展して、ＯＪＴという考え方になり日本に入ってきたというのが通説です。

４段階職業指導法を初めて知った方の中でも、似たような指導方法を聞いたことがある方もいるかもしれません。

大日本帝国海軍の連合艦隊司令長官だった山本五十六（やまもといそろく）の「やってみせ、言って聞かせて、させてみて、誉めてやらねば、人は動かじ」という言葉です。人材育成に携わる方であれば、聞いたことのある方も多いのではないでしょうか。

どちらにも共通しているのは、最初に手本を見せるという点です。

最初に手本を見せるのは当たり前のようですが、パソコン1台あれば完結できる業務や、頭の中で考えることが中心の仕事では、手本を見せるのが難しいこともあります。手本を見せるのが難しい仕事で「やってみせ」をするためにおすすめなのが、作業画面や企画書などを投影（共有）しながら実際に作業を進めたり、企画書を書いたりする形式の打合せです。

会議室のスクリーンやプロジェクターに企画書を映しながら作成して、その様子を新人や後輩に見てもらいます。オンラインミーティングであれば、画面共有機能を使用すれば可能です。また、オンラインの場合は録画して、チーム内のほかのメンバーと共有することも可能です。

当社の場合、提案書や研修資料を、この形式で作成することが多いです。最初のうちは、私がオンラインで画面共有をしつつ「提案の方向性はこんな感じかな」「いや、こういう考え方もあるな」など、独り言とも雑談ともとれる話をしながら、資料作成を進めていました。

重要なのは、資料作成マニュアルやデモ動画のように、スムーズに資料が完成しないことです。

提案資料や企画書などの自由度が高く、作成者の経験や思考が色濃く反映される資料を作成する場合、頭の中では「あぁでもない、こうでもない、こっちのほうがいいかも」など、様々な可能性を考えて作成しているものです。

そういった頭の中の動きを共有することが大切です。

最初のうちは、私の資料作成を見ているだけだったメンバーも、しばらく続けていくうちに自分なりの意見を言ってくれるようになります。そうなると、資料作成も一人でやるよりスムーズに進みます。

この方法は、4段階職業指導法の「Show：見せる」と「Tell：説明する」を同時にやっていることになりますが、新人や後輩が意見を言ってくれるようになれば「Do：やらせてみる」の一部もおこなえるので、非常におすすめです。

的確なフィードバックが信頼関係を強化する

4段階職業指導法の最後は「Check：確認・補足」です。最近よく聞く言葉で言えば「フィードバック」が該当します。

人材の育成と定着に、フィードバックは非常に重要です。

一方、最近では上司や先輩がパワハラと言われるのを恐れてしまい、十分なフィードバックがされていない組織も少なくありません。フィードバックがされなければ、新人や若手は自分の行動の問題点に気づくこともできず、改善することもできません。**フィードバックをするのは、相手の成長のためでもあるのです。**

やってみせて、説明して、やらせてみればうまくいくのなら苦労しませんが、現実にはなかなかそうはいきません。確認・補足は重要です。

けれども実際には、一度教えたら、あとはやらせてみるだけになっている指導も少なくないのが現実です。インタビューでも、そのような声はよく聞きます。

「調べても答えが出ないことが多いのに、先輩に相談しても『調べてみてよ』と言われることが多かったです。最終的に細かい部分は調べるにしても、最初は解決の方向性など、ある程度の道筋を示してほしかったです。

先輩からすれば、答えがわからないような内容ではなかったので『研修やったんだからこれくらいのことはわかっているだろう』という意味で『調べてみてよ』と言ってきたのだと思いますが、サポートが欲しかったです」

（大学（文系）卒業後、ＩＴ企業のＳＥ職を9か月で退職）

この方のように「一度教えたんだから、あとは自分でできるよね」というような指導をされたという声は非常に多いです。一度教えただけではわからないことがあるという前提で、フィードバックをしてあげる必要があります。

フィードバックにおいて最も大切なことは、相手の行動を改善することです。よいフィードバックかどうかは、相手の行動が改善したかどうかで決まります。相手の行動が改善しなければ、どんなに含蓄のある言葉で伝えても意味がありません。

相手の行動を改善してもらうために、やるべきことは2つ。事実情報の通知と腹落ち感の醸成です。

事実情報とは「具体的な発言や行動をもとに伝える」ことです。

たとえば、遅刻をしてきた相手に対して「5分遅刻しているよ」と伝えるのは事実情報の通知です。しかし「気が緩んでいる」や「社会人としての自覚が足りない」などは、事実情報ではなく、伝える側の考えが入っています。大切なのは、まずは事実情報を通知することです。

事実情報を伝えた後に重要なのが腹落ち感の醸成です。

いくら「5分遅刻をしている」と言われても、相手が5分くらいの遅刻なら問題ないと思っているなら、行動は改善しません。なぜ5分の遅刻がNGなのかを伝える必要がありますが、どんな話が腹落ち感を醸成するのかは、個人によって違うのが難しいところです。

価値観の多様化と言われる時代においては、職場ルールの明文化・可視化が非常に重要です。カイラボの場合「時間を守らないのはNG」という当たり前のことも明文化しています。

そのため、時間に遅れた際には「カイラボのルールに反していますよね」とフィードバックします。そのうえで、時間を守らないことのデメリットを伝えています。

1on1やキャリア面談でつかえる「GROWモデル」

コーチングのスキルが、管理職に求められるようになった背景の一つに、多くの企業で1on1が導入されていることが考えられます。

1on1とは、上司と部下の1対1の定期的なミーティングですが、業務上の悩みだけではなく、キャリア全般に関する悩み相談などもおこなうのが特徴です。

ただ現実的には、1on1が業務上の課題解決の時間になっている会社も少なくありません。また、1on1とは別に、社員と経営者・人事担当者などが、キャリア面談を実施するケースもあります。多くは、若手社員が対象になっていますが、中小企業の中には社長が全社員と面談をする会社もあります。

キャリア上の悩み解決やサポートは、本人に目標を設定してもらい、その目標に向けての状況を確認しながら、面談を進めていくのが効果的です。

また、一般的には1on1をうまく進めるには、コーチングスキルが重要と言われます。1on1やキャリア面談に活用できるコーチングの手法として、GROWモデルがあります。「Goal（目標設定）」「Reality（現状の把握）／Resource（活用可能な資源）」「Options（選択肢の検討）」「Will（選択・決定）」の頭文字をとったものです。

- Goal＝目標を設定
- Reality（現状の把握）／Resource（活用可能な資源）＝現状の自分と周囲の状況を整理
- Options＝選択肢の洗い出し
- Will（選択・決定）＝自分の意思で行動を具体化する

GROWモデル　具体的な問いかけの例

G	Goal	・どんな状態になったら今の悩みが解決しそうですか？ ・「こんな自分になれたら嬉しい」というイメージはありますか？ ・「こんな自分にだけはなりたくない」というイメージはありますか？
R	Reality	・いちばん難しそうな問題はどれだと思いますか？ ・緊急性がいちばん高い問題はどれだと思いますか？ ・その問題はいつごろからありましたか？
	Resource	・誰か助けてくれる人や相談できる人はいますか？ ・モノや時間など、何があれば問題を解決できそうですか？
O	Options	・過去に似た問題に直面したときはどうしましたか？ ・どんな方法があるか思いつく限り、一度可視化してみましょう ・○○という視点から考えると、ほかに方法はありそうですか？ ・たとえば、××みたいな方法で解決するのはアリですか？
W	Will	・最初は何から始められそうですか？ ・どのタイミングで進捗を確認するのがいいですか？

この4つのステップを、上司や先輩が問い掛けながら進めていきます。

ただし、新人や若手に対して「目標は何？」とか「どうしたい？」とか聞いても、ほとんどの場合は明確な答えは返ってこないか、その場しのぎの「目標っぽいもの」を言って終わりです。**信頼関係を築いたうえで、様々な観点から問い掛けを繰り返していくことが重要です。**

参考までに、当社がリーダー研修で使用しているGROWモデルの説明資料から、具体的な問い掛けの例を一部ご紹介します。

問い掛けが重要ではありますが、

「Options＝選択肢の洗い出し」においては、上司や先輩の知見から、ときには「こんな方法はどう？」と提案することも重要です。

ただし、やり方を押しつけるのではなく、最後は「Will＝選択・決定」を相手にしてもらうことです。**上司や先輩から提案されると拒否できないタイプの人の場合には「一緒に選択肢を洗い出そう」と言って、お互いが付箋に選択肢を書く方法もあります。**「上司の意見も、数ある選択肢のうちの一つに過ぎない」ことを示してあげることで、誘導尋問になってしまわないように注意しましょう。

第4章のポイント

- ✓ 上司は「共感的理解・無条件の肯定的関心・自己一致」の傾聴3原則をおさえておく
- ✓ 今は組織の目的共有ができ、メンバーとの信頼関係が築けるリーダーが求められている
- ✓ 若手社員とのコミュニケーションは「①理解、②納得、③共感」の順を意識する

✓相手と時代に合わせたコミュニケーションが必要。たとえば、オンラインのカメラON、チャット活用、部下の「報連相」には「お・ひ・た・し」で対応など

✓意欲が低下している若手には「①不安解消、②自信醸成、③成長意欲醸成」の3ステップが効果的

✓人材育成は「ティーチング→コーチング」。ティーチングは「①Show：見せる、②Tell：説明する、③Do：やらせてみる、④Check：確認・補足」の順でおこなう

✓1on1などの面談では「Goal（目標設定）」「Reality（現状の把握）／Resource（活用可能な資源）」「Options（選択肢の検討）」「Will（選択・決定）」のGROWモデルを活用する

第5章

信頼関係を築く若手への声掛け

～雑談と個別対応で結果が変わる

雑談での「一言」が辞める理由にもなる？

ここまで、若手社員が辞める原因について、各種統計やインタビューの生の声を交えながらお伝えしてきました。

また第4章では、離職対策としてコミュニケーションのアップデートが必要であることや、どのようなアップデートが必要なのかをお伝えしました。

ここからは、もう少し具体的に、話し方・伝え方について、どんな場面で、どんな声掛けをすればよいのかをご紹介していきます。

コミュニケーションのアップデートが必要なことは、概念として理解できても、実際の会話の場面でどんな表現をすればよいのかわからない、迷ってしまうという方も少なくないと思います。

そういった方々にこそ、日々のコミュニケーションのヒントにしていただければ嬉しいです。

若手社員の離職理由には「きっかけ」と「決め手」があることは、第2章でお伝えしました。

きっかけにしろ、決め手にしろ、その出来事は些細な一言であることも多いです。普段の何気ないコミュニケーションでの一言が積み重なり、社員が辞めることにつながっています。

また、言葉のとらえ方は、人によって千差万別です。ある人には効果のあった言葉でも、ほかの人にとっては傷つく言葉になることもあり得ます。

だからこそ、一人ひとりに合った言葉選びが重要です。

本章でご紹介する話し方・伝え方、声掛けの例も万能ではありません。適切な場面で適切な相手に対してつかわなければ逆効果になることもあります。

ですので、今回ご紹介する内容をもとに、読者のみなさま一人ひとりのアレンジを加えて、現場で活用してみていただければ幸いです。

雑談は「問い掛け」で決まる

リモートワークが急激に広がった2020年以降、雑談の重要性が広く認識されるようになりました。

互いに知った仲の人同士なら雑談は苦労しないものの、職場に来たばかりの新人や、リモートワークやハイブリッドワーク中心で、リアルでは会うことが少ない相手との雑談では、何を話せばいいのかわからないという声をよく聞きます。

また「せっかく雑談の話題を振ったのに、相手が塩対応（そっけない対応）で盛り上がらない」という話も頻繁に耳にします。

雑談が盛り上がらないのは、雑談の起点となる問い掛けが間違っているからです。

相手が塩対応をしてしまう理由の一つに「答えにくい問い掛けで雑談が始まっているから」があげられます。答えやすい問い掛けからスタートして、徐々に相手の人となりを知るような問い掛けにしていくのが原則です。

そのためには、問い掛けを2つの視点で考える必要があります。

1つの目の視点は聞き方の形式です。

聞き方の形式は「オープン質問」と「クローズド質問」の2つに分けられます。一般的にはオープンクエスチョン、クローズドクエスチョンとも呼ばれます。

オープン質問は、回答がオープン＝自由に回答できる質問です。相手の回答範囲に制限を設けないで聞くのでオープン質問と呼ばれます。たとえば「これについてどう思う？」や「今後の展望を聞かせてください」などです。

クローズド質問は、回答がクローズド＝閉じる、つまり回答に制限を設ける質問です。制限というのは「Yes/No」や選択肢の提示などが当たります。たとえば「東京都出身ですか？」や「晩ご飯は和食、洋食、中華だったらどれがいい？」などです。

基本的に、回答しやすいのはクローズド質問です。現実でも「晩ご飯は何がいい？」と聞かれると「なんでもいい」と回答してしまう方であっても「カレーと肉じゃが、どちらがいい？」と聞かれれば、どちらかを回答する方が多いのではないでしょうか。前者はオープン質問、後者はクローズド質問です。

2つ目の視点は、質問の内容です。

内容は「事実・属性情報」と「内面情報」の2つに分けられます。

事実・属性情報とは、過去に起きた事実や相手の属性などです。たとえば「お昼ご飯は何を食べた?」や「出身地は?」などが事実・属性情報の質問に該当します。属性はほかにも、年齢、性別、学生など、一般的に履歴書に書いてある情報をイメージするとわかりやすいです。

一方、内面情報は履歴書などには書かれない、本人の価値観や気持ちのことです。質問としては「入社の理由は?」「今後のキャリアをどうしたい?」などが当たります。

当然、回答しやすいのは事実・属性情報です。内面情報は答えにくいどころか、本人も答えを持ち合わせていないことも多いです。

最初の問い掛けは「クローズド質問&事実・属性情報」

では、雑談で一般的につかわれる「趣味は?」という質問は「オープン質問/クローズド質問」「事実・属性情報/内面情報」で言うと、どちらになるでしょうか?

回答内容はYes/Noではなく、選択肢もないので、オープン質問であることはわかります。では「事実・属性」か「内面」かはどうでしょう。履歴書によっては「趣味」の欄はありますが、趣味は本人の価値観や趣向が反映されます。つまり内面情報です。

ですから「趣味は？」という質問は「オープン質問で内面情報を聞いている」わけです。これでは、相手は答えにくくて当然です。

また、若手社員の中には、趣味を言いたくない人や、本当の趣味を言っても誰も理解してくれない、バカにされると思っている人もいます。

そういう人に対して、雑談で盛り上がろうと「趣味は？」と聞いても、塩対応されてしまうのは仕方がありません。

雑談であっても、お互いの信頼関係は重要です。

信頼関係が十分に構築できていないタイミングでは「クローズド質問で事実・属性情報」を聞くのがおすすめです。

たとえば、オフィスに出社しているのであれば「○○さんはＪＲで来たの？　地下鉄で来たの？」みたいな問い掛けなら、相手も答えやすいでしょう。

ちなみに、私はオンライン研修の冒頭に「今日の朝食（またはランチ）」を皆さんに聞いて、チャットで回答してもらうことが多いです。理由はチャットへの投稿のハードルを下げるためです。

オンラインセミナーで「質問があればいつでもチャットで質問してください」と言っ

ても、なかなか質問は出ません。

ですが、**冒頭で答えやすい質問にチャット回答をしてもらうだけで、チャットへの投稿が劇的に増える**のです。

最初に「今日の朝食は？」と聞くことで、会話のきっかけをつくり、相手との距離を近づけることで、その後のコミュニケーションがとりやすくなっています。

知らない、興味のない話題には「きっかけ」を聞く

先ほど、いきなり「趣味は？」と聞くのはおすすめしないと書きましたが、なかには初対面で「趣味は？」と聞いて、しっかりと答えてくれる人もいます。

相手の趣味が、自分も詳しい内容だったり、同じ趣味だったりすればいいのですが、自分が詳しくない話題や興味のない話題だった場合、どう雑談を盛り上げていけばいいのか悩んでしまいます。

そんなときにおすすめなのが「きっかけ」を聞くことです。

たとえば、自分は野球に全然興味がなくて、ルールもよくわからないけど、相手が野

球大好きで、某チームの熱烈なファンだったとします。野球のことを熱く語られても、どう返答すればいいかわかりません。そういうときは「きっかけ」を聞きましょう。

「野球が好きになったきっかけは何だったんですか？」
「そのチームのファンになったのは、野球を見始めたころからずっとなんですか？」
「熱烈なファンになったきっかけは、いつごろ、どんな理由だったんですか？」

細かい聞き方は、相手との関係性や状況によって変わりますが、きっかけを聞くという点は変わりません。

きっかけを聞くと、趣味以外の情報も引き出せる可能性が高まります。そこからさらに相手のことを聞いたり、幼少のころの話をしたり、色々な展開が可能です。

たとえば、野球が好きになったきっかけについて「父と兄が野球好きで、物心ついたころには、毎晩テレビで野球を見るのが当たり前だったんです」という回答であれば、「そうなんですね。うちの親はニュースばかりで、子どものころはつまらなかったんですよ。野球以外のテレビだと、どんな番組を見てたんですか？」などの返しができるかもしれません。

「父」「兄」「テレビ」「(家で)毎晩」など、野球以外のキーワードを引き出したことにより、自分との共通話題を見つける糸口が見えてきます。

自然な流れで、自分にも話せるキーワードを引き出すのに、きっかけを聞くのは有効です。なにより、好きな趣味のことについてなら、きっかけを聞かれてイヤがる人はほとんどいません。

また、多くの場合、きっかけは幼少期か思春期にあります。まったく違う趣味でも、幼少期や思春期のことなら「あるある話」で盛り上がれるかもしれません。

共通点を見つけるためにも、また相手に自分のことを知ってもらうためにも、自己開示をしながら、きっかけを聞くのはおすすめです。

「推し」を聞くと雑談が盛り上がりやすい

きっかけを聞く方法以外に、もう一つおすすめなのが「推(お)しを聞く」ことです。

「推し」がわからない方のために説明すると、推しとは、特定の人物、グループ、キャラクター、作品、商品などを、熱烈に支持することを示す言葉です。

アイドルグループの中で、自分のいちばんお気に入りメンバーのことを「○○推し」

と表現するところから派生したと言われます。

ビジネスの世界ではあまりつかわない言葉ですが、２０２０年に宇佐美りんさんの著作『推し、燃ゆ』（河出書房新社）が芥川賞を受賞するなど、一般的にも広がりを見せている言葉です。

先ほどの野球好きの人であれば「推しのチームはありますか？」「推しの選手は誰ですか？」などの聞き方ができます。

ただし、自分の興味のない分野の場合、推しのチームや選手を聞いてもなんのことかさっぱりわかりませんから、やはり話題が盛り上がらなくなってしまいます。

そんなときには「推しポイント」を聞いてみるのがおすすめです。

たとえば、野球選手の場合であれば「その選手のいちばんの推しポイントは？」と聞いてみると「イケメンだから！」など、野球の実力とは直接関係ない内容が返ってくるかもしれません。

そうなれば「芸能人なら誰に似てるの？」などの、野球とは関係のない、いい意味でいかにも雑談っぽい話題に移行できるかもしれません。

わざわざ「推し」という言葉をつかわなくても「好きな選手」とか「好きな理由」と

かを聞いても、意味としてはほぼ同じです。

ですが、**あえて職場のコミュニケーションにおいて、意図的に「推し」という言葉をつかうことにも意味がある**のです。

ビジネスではあまりつかうことのない言葉を、意図的につかうことにより、リラックスした雰囲気でフランクに話していいことを、相手に伝える効果があるからです。

雑談では、普段の仕事上のやりとりとは違うことを認識してもらうためにも、ちょっとした言葉選びが重要です。

「困ったとき」のシーン別コミュニケーション

ここからは、若手社員への声掛けとして、当社に多く寄せられる悩みの中から10のシーンを厳選して、個別の対策を具体的にお伝えしていきます。

わからないことを質問してこない部下

管理職やＯＪＴ担当者の方からよく聞く悩みの一つが「若手社員からの報連相の不足」です。

とくに「わからないことがあったらすぐ聞いてと言っているのに、わからないことを聞いてこない」という声は非常に多いです。

一方で、若手社員からは「どのタイミングで質問したらいいかわからない」「上司のスケジュールを見て相談するタイミングを考えている」という声を聞くことが多いのも事実です。

なぜ、若手社員はすぐに質問してこないのでしょうか？

理由は非常にシンプルです。**すぐに質問することのメリットよりも、リスクやデメリットのほうが多いと思っているからです。**

すぐに質問することのメリットは、わからないことがすぐに解決し、仕事をスムーズに進められることです。一方、リスクやデメリットとしては「そんなこともわからないのか」と怒られたり「前にも教えたでしょ」と言われたりする可能性があります。

また「自分で考えないやる気のない人間だ」「物覚えが悪い人だ」「自主的に勉強していない」などと思われるなど、様々なデメリットが考えられます。

質問して怒られた経験のない人でも「怒られるかもしれないから、タイミングを見て質問している」という若手社員は少なくありません。

人として「怒られたくない」「やる気のない人間と思われたくない」と思うのは当然のことです。

こういう場合の対処方法は、事前に行動基準を提示し、すぐに質問することのメリットを大きく、デメリットを小さくすることです。

第3章でもご紹介しましたが、カイラボでは学生インターン向けに、行動基準を示しています。サッカーのルールを模して、レッドカード、イエローカード、ファール、グリーンカードの4種類で、推奨行動とNG行動のそれぞれを表しています（グリーンカードが推奨行動で、ほかはNG行動です）。

フルリモートの当社では、わからないことを聞かないまま放置されてしまうと非常に危険です。そのため「わからないことを聞かない」はイエローカードにしています。

その代わり「わかるまで徹底的に聞く」ことを推奨するために、グリーンカードとしています。

さらに当社では、インターン開始前の面談の段階から、この行動基準をお伝えしています。つまり、カイラボでの仕事の仕方をイメージしてもらったうえでスタートしてもらうのです。

行動基準をつくるのは時間がかかりそうという方には、業務指示のときに行動基準を示す方法がおすすめです。私が実際によくつかうものとして、いくつかご紹介します。

・自分で10分調べてもわからなかったら質問して
・Googleで検索し、最初に出てきた3つのサイトを見てもわからなかったら聞いて
・30分後にできたところまでのファイルをチャットに送って

いずれも、かなり具体的な行動基準になっています。

私の場合、初めての業務や調べ物、企画を依頼するときに頻繁につかいます。職場全体での行動基準づくりが難しいのなら「あなたと私」の2人のあいだでの行動基準をつくってみるのがおすすめです。

ただし、残念ながら行動基準を示しただけでは、行動が改善しないこともあります。またレッドカードやイエローカードを出さないといけない場面もあります。

実は、そういう場面でも行動基準を事前に示しておけば「カイラボの行動基準に違反しているからダメ」と言うことができます。**行動基準に反していることは言い訳しようのない事実なので、相手も理不尽に怒られたとは感じにくいはずです。**

すべての業務に基準を設けるのは難しいですが、業務上で困っていることなどを中心に行動基準をつくるなら、それほど負担はかからないのでおすすめです。

ただし、行動基準の運用には2つの注意点があります。

1つ目の注意点は、必ず事前に提示すること。事前に提示しなければ基準の意味がなくなってしまいます。また、一度提示して終わりではなく、定例会で毎回提示するなど、繰り返し見せることも重要です。

2つ目の注意点は、行動基準は上司も含めて、組織の全員が守ることです。たとえば「時間厳守」を行動基準にするのであれば、若手社員だけではなく、当然、上司も時間厳守です。様々な事情で時間厳守ができなかった場合には、上司からチームメンバーに謝罪の一言を添えて報告する必要があります。

上司が守らないルールは、部下も守りません。リーダーの率先垂範によって、行動基準を浸透させていく必要があります。

「がんばります！」だけで行動が改善しない部下

フィードバックをすると「次から気をつけます！」とか「がんばります！」とか元気よく答えるものの、行動の改善が見られない部下に困っている方は、**行動レベルでタスク設定するのがおすすめ**です。

行動レベルでのタスク設定をするときのポイントは、次の3つです。

ポイント①目標の細分化
ポイント②期限の設定とタスク順序の設定
ポイント③進捗確認のタイミングを決める

営業職の場合で考えてみましょう。先月の売上がゼロ。今月の売上目標が1億円だったとします。そんな相手に「売上目標達成のためにがんばれ！」と言っても、何をどうがんばればいいのかわかりません。

まずは目標の細分化です。売上1億円のためには、何件の商談が必要なのか、商談設定のためには何件くらいの（電話やメールでの）連絡が必要なのかを設定します。

部署の客単価や商談率などから、だいたいの目標は設定可能でしょう。上司や先輩は、客単価や商談率などの数字を部下に示しつつ、商談数20件、アポ取り連絡を200件などの目標を決めていきます。

次に期限を決めていきます。1か月で商談数20件が目標であれば、平日は1日1件の商談数が必要です。ですが、最初の数日は商談が入っていないのであれば、まずはアポ取りの連絡をする必要があります。

また、むやみにアポ取りをしても効率が悪いので、最初に過去の訪問リストや、休眠状態になっているお客さまの情報を調べる時間をつくります。

すると、こんな1か月間のスケジュールが立てられます。

2日間：過去の商談履歴や休眠顧客の情報の調査
2日間：アポ取りの連絡
5日間：商談（商談準備含む）
2日間：ここまでの成果の振り返りと後半に向けた作戦立案
2日間：過去の商談履歴や休眠顧客の情報の調査
2日間：アポ取りの連絡
5日間：商談（商談準備含む）

あくまで一例なので、実際には調査・アポ取り・商談を、同じ日に時間を分けておこなうこともあると思います。ここではわかりやすく日ごとに区切っています。**ポイントは、途中で成果の振り返りを入れている点です。**

事前に成果を振り返るタイミングを決めておくことで、自然と中間目標ができ上がります。振り返りまでにどんな行動を、どの程度おこなうのかが明確になるからです。大きな目標だと成功イメージがつかない人でも、目標を小分けにすれば、具体的なイメージがつきやすくなります。

目標を具体化するためにも、中間目標や振り返りの期日設定はおすすめです。

同じミスを繰り返す部下

みなさんの中には、何度同じことを言ってもミスが減らない部下や後輩に困っている方や、困ったことがある方もいらっしゃるのではないでしょうか。そんなときに重要なのはティーチングです。

最近では、コーチング的なアプローチが重要とも言われますが、**何度も同じミスが起きるのであれば、業務に関する基礎知識や基本スキルが不足している可能性が高い**です。

そんなときには、ティーチング中心の接し方がおすすめです。ティーチングを通じて具体的な仕事のやり方を覚えてもらい、今まで一人では完結できなかった業務ができるようになれば、自信醸成にもつながります。自信によって心の余裕が出てくれば、不注意によるミスを減らすことにもつながります。

ティーチングの基本は、第４章でご紹介した「４段階職業指導法」です。

①やってみせる
②説明する
③やらせてみる
④確認・補足

この順番で指導するのが、最も効果的とされています。**大切なのは、最初に「やってみせる」ことです。**ただし場合によっては、１から10までやってみせるのは大変な場合もあると思います。

そんなときは、参考になるアウトプットイメージを共有するだけでも効果があります。自分が過去につくった資料や、昨年の担当者の資料など、参考になる情報を見せながら説明することで、教えられる側の理解度は大きく向上します。

また、**業務のやり方を教える際には、その業務が必要な背景や理由を教えることも重要**です。業務の背景を教えるには、まずは業務の全体像を伝える必要があります。

若手が担当する仕事だけではなく、その前後の工程の仕事は何か、最終的にどんな形で提供される商品・サービスなのかなども伝えましょう。

業務を「与えられた作業」ととらえるのではなく、社会やお客さまに役立つために必要なことだと認識してもらえるよう、意義を伝え続けてください。

意義を説明したうえで、具体的な手順を伝えます。

手順は、マニュアルなどの形で文書化・可視化しておくのが原則です。マニュアルは教えるときだけではなく、教えられた側も随時見返せるので便利です。


とはいえ、業務によって細かいマニュアルが整備されていることもあれば、マニュアルなどの書面は一切なく、口頭での説明だけになることもあるかもしれません。

しっかりしたマニュアルではなくても、先ほどご紹介したような行動基準という形で、注意点や仕事の心得を書面にして伝えることも有効です。同時にチェックリストの準備、アウトプット（たとえば、資料作成など）の評価基準を事前通達なども効果的です。

大切なことは、若手に「初めて聞きました」とか「もっと丁寧に教えてくれればミスはしなかった」と言われないような準備です。

「なぜ、そこまでしなければいけないんだ！」と思う方もいるかもしれません。

でも、ちょっと考えてみてください。丁寧なティーチングはある意味、相手の言い訳のポイントをつぶしていくことでもあります。

後出しで言い訳をされないためにも、最初から徹底的に丁寧に指導しておくことは非常に効果的です。

すぐに「どうしたらいいですか？」と聞いてくる部下

相談をしてこない部下や後輩も困りものですが、何度も頻繁に「どうしたらいいですか？」と聞かれるのも困りものです。

最初の数回なら快く対応していた方でも、何度も繰り返し「どうしたらいいですか？」と言われると「少しは自分で考えてよ」と言いたくなってしまうかもしれません。

ですが、**少し我慢して「小分けタスク＋制限時間設定」で対応**しましょう。

小分けタスクとは、その名の通り、タスクを小分けにすることです。業務をタスクという部品ごとに分けて整理し、どの部品までできたら報告するかを決めておきます。

たとえば、提案書作成という業務であれば、次のようにタスク（＝部品）に分けて、報告のタイミングを決めます。一例をご紹介します。

①前回の打合せ議事録を読んで、お客さまの要望を書き出す。
②提案に必ず入れる条件と、できれば入れたほうがいい条件を書き出す。
③ここまでを30分でやってもらう。②までできたタイミングか、できていなくても30分経ったら一度持ってきてもらい、そこでもう一度、次のタスクを確認する。

かなり面倒くさいと感じた方もいるかもしれません。

それでも、頻繁に「どうしたらいいんですか？」と聞いてくるタイプの部下には、これくらい細かく分けて伝える必要があります。

すぐに「どうしたらいいですか？」と聞いてくる人の心理として、本当にやり方がわからない人よりも、自分の考えたやり方があっているのか自信が持てないとか、自分の考えで進めて怒られてしまったらどうしようという不安がある、というケースのほうが多いです。

第4章でもお伝えした通り、こういう場合のコミュニケーションでは「不安解消→自信の醸成→成長意欲の醸成」の順番が基本です。

まずは不安を解消するために、タスクを分解して具体的なやり方を示す必要があります。タスクが多すぎると、抜けが起きる可能性が高いので、一度に依頼するのは2～3個のタスクにするのがおすすめです。

タスクを小分けにして伝えることで、やることが明確になります。

また、制限時間を設けることで、目安の業務時間を示すことにもなります。

業務経験の浅い新人や若手の場合、完璧を目指して時間をかけすぎてしまうケースも多く見られます。そういう事態を防ぐためにも「30分後、またはタスクが完了したら報告して。30分経ったら終わってなくても、一度報告が欲しい」と伝えておけば、仮に仕事が終わっていなくても一旦状況確認ができます。

「この仕事に意味があるんですか?」と聞いてくる部下

「若手社員に仕事を依頼したら『この仕事に意味があるんですか?』と聞かれて驚いた」という話を耳にしました。

ここまで単刀直入に言ってこないにしても、心の中では「この仕事に意味があるんだろうか?」「なんで自分がこんな仕事をやらされるんだ?」という気持ちを持っている人は少なくないかもしれません。

「この仕事に意味があるんですか?」と聞かれたときは、傾聴と共感のコミュニケーションが重要です。「この仕事に意味があるのか?」と疑問に感じること自体は悪いことではありません。仕事の意義を理解しようとする姿勢の表れだと、とらえることもできます。ですから、相手が疑問を持った背景を理解するためにも傾聴が重要です。

傾聴のポイントとして「共感的理解」「無条件の肯定的関心」「自己一致」の3つがあることは第4章でご紹介しました。いきなり否定するのではなく「この仕事の意味に疑問があるんだね」とオウム返しするなどして、相手の考えを引き出します。

仕事に意味があるのか疑問を持つ理由は、いくつか考えられます。

・自分の目指すキャリアには必要ないと思っている
・任された仕事の重要性を理解していない（雑用だと思っている）
・もっと効率のよいやり方があると思っている
・必要のない仕事（なくした方が効率的）だと思っている

今の仕事が自分の将来のキャリアに必要ない（役立たない）と思っている人でも、本人が目指すキャリアに必要な要素を理解できているとは限りません。

具体的に、どんなキャリアを描いているのかを聞いていく中で「そのときは、これから担当する仕事の経験が役立つよ」と伝えることも可能です。**重要性や必要性を理解していない人に対しては、その仕事がおこなわれている背景を伝えましょう。**

ただし「昔からみんなやっている」とか「社長がこうやれと言っているからやっている」などは理由にはなりません。

そうではなく、たとえば「災害で停電したときにも対応できるよう、この重要書類だけは紙で印刷して保管することになっているんだよ」と言われれば、災害時のことまで想定していなかった相手は納得してくれるでしょう。

仕事の背景を説明するときには「どんなときに、どんな目的で、どんな場所でやる仕事なのか」を伝えることがコツです。

また、単純にその仕事をやりたくないだけなのを隠すために「この仕事に意味があるんですか？」と言っている可能性もあります。そういう場合でも、基本は共感です。「仕事に意味がないと感じているんだね」がスタートです。

ただし、共感はしても同調はＮＧです。相手が「必要ない仕事だ」と思っている気持ちに、寄り添うのはＯＫですが、間違っても「そうだよね、この仕事ムダだよね」などと、迎合するような発言をしないように注意しましょう。

同様に、会社の愚痴などを言っている若手社員に同調するのもＮＧです。

共感は相手に安心感を与えますが、同調は相手が自分の意見を正当化し、視野を狭める原因にもなり得ます。結果的に、相手の成長のためにもならないばかりか、問題が解決されないまま放置される危険性が高まります。

もし、本当にあなたも、その仕事がムダだと思うのであれば、仕事の背景や理由を上長に確認するか、その仕事をなくせるように行動を起こす必要があります。

「これハラスメントじゃないですか？」と言ってくる部下

ある大企業の管理職研修で、こんなことを言っている方がいました。

「今の時代、管理職にとって怖いのは、お客さまや自分の上司よりも部下だ」

その真意を聞くと、ちょっと何かあるとハラスメントと言われてしまうからだ、とのことです。やや極端な意見ではありますが、一理あります。

今や多くの管理職が、自分の言動がハラスメントと言われたらどうしよう、という不安を持ちながら働いているのではないでしょうか。

もし部下が「これってハラスメントじゃないですか？」と言ってきたら、どう対応すればよいのか、ヒントをお伝えします。

まずは相手の言葉をしっかり受け止めましょう。ハラスメントが事実かどうかは別にしても、本人がハラスメントだと感じたことは事実です。

相手の言葉を受け止めていることを表現する際に、おすすめなのはオウム返しです。

「あなたは、ハラスメントだと感じたんだね」と、相手が言ったことを繰り返します。このとき、自分自身の価値観や善悪の判断は禁物です。まずは、相手が言ったことを繰り返しましょう。

「こんなことを言われました！　これってパワハラですよね？」と言われたときも同じです。まずは「○○って言われたんだね」と、相手の言ったことを繰り返します。

ただ、相手の言葉はしっかりと受け止めつつも、安易な同意には注意が必要です。

部下からの一方的な主張だけでは、ハラスメントかどうかを判断するのは極めて困難だからです。

ですので、安易に同意するのではなく「ハラスメントは許されない行為だね。だからこそ、なぜハラスメントだと思ったのか、もう少し詳しく教えてほしい」と伝えながら、そのときの状況を詳しく聞いていく方法がおすすめです。

ちなみに、私はこれまで１０００件以上の研修・講演に登壇していますが、一度だけ「それパワハラじゃないですか？」と言われたことがあります。

そのときは、オウム返しをしながら相手の主張を一通り聞き、厚労省が定めているハラスメントの３要件（１４７ページ参照）を一緒に確認しました。

そのうえで、次のように伝えました。

「ハラスメントだと思ったことを、人事に言ってほしい。アンケートにも書いてほしい。必要であれば、私は処罰を受ける。ただし、私は自分の言動がパワハラだとは思っていない。なぜなら３要件に合致しないから。でも、勇気を持ってハラスメントだと思うと言ってくれてありがとう。ほかのみなさんも、自分がハラスメントを受けていると思ったらすぐに相談してほしい」

こう伝え、その場はおさまりました。後日、人事の方にお話を聞くと、もともと何かあると、すぐ「パワハラではないか？」という趣旨の発言をする人だったようですが、私の研修以降はそういった発言が減ったとのことでした。

おそらくその方は、自分の考えを聞き入れてくれないことに対して「ハラスメント」という言葉をつかって反発していたのでしょう。

しっかりと相手の意見を受け入れ、コミュニケーションをとったことで、ご本人の反発の心を少し和らげられたのではないかと思います。

タスクが漏れがちな部下

せっかく時間をかけて教えたのに、部下の仕事のやり方が違っていたり、必要な手順を踏んでいなかったりでは、上司としては困ってしまいます。タスク漏れやタスク内容の勘違いを防ぐために重要なのは復唱です。

復唱にもコツがあります。業務の指示をしたり、やり方を教えたりしたあと、最後に「では、今教えたことを確認するから復唱してみて」と言う方は少なくないと思いますが、そこにもう一言つけ加えます。「後輩に指示を出すつもりで」という言葉です。

自分が理解できていると思っていたけれど、人に教えようとしたらうまく教えられなかったという経験のある方は多いのではないでしょうか。

人に教えるためには、ものごとを深く理解している必要があります。

あえて「後輩に指示を出すつもりで、今教えたことを復唱してみて」と伝えることで、わかったつもりになっていた部分を洗い出すことが目的です。

また、一度この復唱方法を実践すると、次からは聞くときの真剣度が変わります。中途半端な理解では、人に教えることはできないからです。

ただし、最初は後輩に指示を出せるレベルで復唱できる人はほとんどいません。うまく復唱できなかった若手社員を責めないであげてください。

うまく復唱ができなかった相手に対しては「こっちの教え方も悪かったね」と言いながら、再度丁寧に教えてあげましょう。

手間のかかる方法ではありますが、あとからやり直す手間とストレスを考えれば、早い段階で相手の理解不足が判明しただけでも、十分に意味があります。

的外れな質問をしてくる部下

「なんでも質問していいよ」とは言ったものの、的外れな質問をされて困ったというエピソードもよく聞きます。

上司としては「なんでも質問していいよ」と言った手前、叱るわけにもいかず、丁寧に質問にこたえるものの、モヤモヤした気分は晴れないというご相談を受けることは少なくありません。

もし、**上司から見て的外れな質問だと思ったとしても、質問したこと自体を認めてあげることが重要**です。

まずは「質問してくれてありがとう」などの一言を伝えてあげましょう。「質問をした」という行為を認めたうえで、状況を整理することが大切です。

状況の整理とは、依頼した仕事の目的や、ゴールイメージ、期日、評価するポイント、仕事の進め方などを再度伝えることです。

上司が的外れと感じる質問をしてくる場合、大抵は仕事の目的やゴールイメージのすり合わせができていないことが原因です。上司にとっては些細なことなのに、部下は重要だと思いこんでいることがあると、的外れな質問が起こります。

意図的に的外れな質問をしてくる部下は、基本的にはいません。まじめに仕事を進めようと思った結果、的外れな質問をしてしまっています。

なので、まじめに取り組もうとしている姿勢は認めつつ、お互いの目線を合わせることが重要です。

モチベーションが落ちている部下

第1章や第3章で、配属ガチャの話をお伝えしました。

企業がどれだけ努力をしても、多くの企業では一定数、希望通りの配属ではない社員は生まれます。また、希望通りでなかったことでモチベーションが大きく下がってしまう社員もいます。そんなときには、不安を聞いて期待を伝えましょう。

配属が希望通りではないとモチベーションが落ちる原因は、希望が通らなかったことそのものよりも「思い描くキャリアを歩めなくなるのではないか？」という不安が原因の場合がほとんどです。

ですから、まずは素直に「配属は希望通りではなかったと思うけど、将来に向けて不安に思っていることはある？」と聞いてみましょう。

不安がうまく聞き出せないときには、第4章でご紹介したGROWモデルが活用できます。最初にGROWモデルの「G＝Goal（目標）」を把握します。

この場合のGoalは、キャリアにおける目標と言い換えるとわかりやすいです。具体的には、次のような問い掛けが考えられます。

「どんな目標があって○○の部署を希望したの？」
「将来的にどんなことをやってみたいと思って、○○の部署を希望したの？」
「将来のキャリアをどんな風にイメージしてる？」

Goalを確認できたら「Reality＝現状の把握」です。目標に対して足りない知識やスキル、不安に思っていることなどを聞いていきます。

GROWモデルであれば、あとは「Options＝選択肢の検討」と「Will＝選択・決定」と続きますが、配属が希望通りではない相手に対しては、期待を伝えてあげると「まずは今の部署で精一杯がんばってみる」という選択肢が生まれやすくなります。

期待を伝える言葉として、いくつか例をご紹介します。

「せっかく能力があるんだから、うちの部署でその力を活かしてほしい」
「圧倒的な成果を出して、ほかの部署から『なんであの人をうちに配属してくれなかったんだ！』って言わせてみようよ」
「まずはこの部署でトップの成績を出して、まわりを驚かせてみない？　そのために私もサポートするよ」

どんな期待の言葉が響くのかは個人差があるので、絶対にこれがいいとは言い切れません。だからこそ、**組織のリーダーは、期待を伝える言葉の引き出しを増やす努力をし続ける必要がある**のです。

挨拶をしない、声が小さい部下

新人には、元気よく挨拶してほしいと思っている方は多い一方、元気よく挨拶できている新人は世の中にそう多くはいません。

一時期、メディアに「挨拶は必要ない」と主張する若者が出て、話題になったことがありました。ですが、私の感覚としては、挨拶が必要ないとまで考えている人は、若者でもごく一部です。

ほとんどの人は、**自分だけ大きな声で挨拶するのが恥ずかしいか、大きな声で挨拶していい場面なのか判断がつかないか、もしくは挨拶するタイミングがわからないからうまく挨拶ができていないだけ**です。

ですから、挨拶がなかったり、挨拶の声が小さかったりする相手に対しては「元気に挨拶をしてもらうのは迷惑じゃないよ」「大きな声で挨拶してくれたほうが嬉しい」と伝えましょう。

挨拶をするタイミングに迷ったり、挨拶する恥ずかしさを感じたりするのは、私自身も経験があるのでよくわかります。

若手時代、出社したタイミングで電話をしている人が目に入ると「今、挨拶したら電話をしている人に迷惑ではないか」と考えて小声で挨拶をしたら、ほかの先輩から怒られたこともありました。

自分なりによかれと思っての行動で怒られるのは、いい気分ではありません。

挨拶の声が小さい相手は、実は周囲に気をつかって、あえて小さな声で挨拶している可能性もあります。

「挨拶の声が小さい＝挨拶を軽視している」と決めつけるのではなく、相手なりの考えがあることも想定したうえで「私は元気よく挨拶してくれるとうれしいな」と伝えてあげてください。

第5章のポイント

✓ 社内での雑談は大切。まずは「クローズド質問&事実・属性情報」で問い掛けて知らない話題、興味のない話題になったら「きっかけ」を聞いてみる

✓ 雑談は「推し」を聞くと盛り上がりやすい

✓ わからないことを質問してこない部下には、事前に行動基準を提示し、すぐに質問することのメリットを大きく、デメリットを小さくすること

✓ 行動が改善しない部下は「①目標の細分化、②期限の設定とタスク順序の設定、③進捗確認のタイミングを決める」の3ステップで改善

✓ 同じミスを繰り返す部下にはティーチングで対応

✓ すぐに「どうしたらいいですか?」と聞いてくる部下には〝小分けタスク+制限時間設定〟で対応

✓ 「この仕事に意味があるんですか?」「これハラスメントじゃないですか?」と言ってくる部下には傾聴と共感で対応。ただし同調はNG

✓ タスクが漏れがちな部下には「後輩に指示を出すつもりで」復唱してもらう

✓ 的外れな質問をしてくる部下とは、仕事の目的やゴールイメージをすり合わせる

✓ モチベーションが落ちている部下にはGROWモデルをつかって対応

✓ 挨拶をしない部下、声が小さい部下には「元気に挨拶をしてもらうのは迷惑じゃないよ」「大きな声で挨拶してくれたほうが嬉しい」と伝える

おわりに
これからの時代のリーダーは偉そうにしないが、おもねらない

２０１２年に、企業向け早期離職対策支援の会社を立ち上げた当初は、周囲から様々な厳しい意見をいただきました。

「離職対策にお金を出す企業なんてない」
「お前が言っていることはきれいごとだ。そんなのはビジネスにならない」

人材ビジネス領域の方、コンサルタント、社労士など、協業できそうな方に離職対策の重要性を訴えるたびに「そんなのは仕事にならない」と言われ続けてきました。当時は、まだ「人が辞めたら採用すればいい」という考え方が主流だったのです。実際、諸先輩方の考えは正しく、起業してからしばらくは仕事のない時期が続きました。

潮目が変わりはじめたのは２０１６～２０１７年ごろです。徐々に離職対策の重要性が認知され、仕事の依頼も増えてきました。今や人手不足倒産という言葉が出てくるほ

どに人手不足が進み、企業の大小を問わず社員の採用、定着、教育に苦戦しています。

「社員のわがまま」につき合わず、アップデートも欠かさず

人手不足が深刻化すると、その状況を逆手にとって、会社に対して自分のわがままを通そうとする人も出てきます。会社側も昔のように「会社の言うことを聞けないなら辞めてもらっていい」とは言えない状況になっています。

それは、決して健全な関係性ではありません。

企業にはパーパス、ビジョン、ミッション、理念など、表現の仕方は様々ですが、企業の存在意義や目的があります。その目的達成のために集まっているのが社員です。目的達成に逆行するような言動を放置していいはずがありません。

社員が辞めないことは目的ではありません。会社の目的達成のために、社員が定着し活躍し続けられる組織をつくるというのが基本の考え方です。この順番を間違ってはいけません。

社員のわがままにつき合う必要はありませんが、今までと同じコミュニケーションでは社員が定着しにくくなっていることも、また事実です。

私は、これからの時代の上司・先輩には「偉そうにしないが、部下におもねらないコミュニケーション」が求められると思っています。おもねるとは、相手の気に入るように振る舞う、へつらうなどの意味です。「ゴマをする」という表現も近いと思います。

上司や先輩が偉そうにするのはNGですが、同時に部下に迎合したり、過度に気をつかったりするコミュニケーションも好まれません。上司と部下、先輩と後輩という立場の上下に依存した関係性ではなく、自然体でフラットな関係性を広げていきましょう。

そのときに重要なのが、組織としての関係性のアップデートとコミュニケーションのアップデートです。

本書の第3章では、組織としてのマインドとスキルのアップデートをお伝えしてきました。第4章、第5章では、コミュニケーションのアップデートについて具体的な場面も交えながらご紹介しました。人によってすぐにつかえるもの、つかえないものがあると思いますが、何か一つでもいいので、まずは実践してみてください。

テクニックよりも「あり方」が問われている

コミュニケーションの技術は数多くあり、本書でもたくさんご紹介してきました。

しかし、そういったテクニックよりも、人としてのあり方のほうが大切です。むしろ今は、改めて人としてのあり方が問われる時代になっています。

ＳＮＳでフォローとブロックを使い分けるのと同じです。普段のおこないや、言行一致、仕事に対する取り組み方、将来のビジョンを語っているか否かなど、その人の価値観、行動、発言などを見て、話を聞く価値がある人なのかを判別しながらコミュニケーションをとる時代です。

どれだけコミュニケーションのテクニックを駆使したとしても、日ごろのあり方が信用を得られるものでなければ、こちらの言ったことに耳を傾けてはくれません。

あこがれる上司がいない問題も、上司・リーダーのあり方に起因する部分が多いです。これからの人手不足時代には「あり方のアップデート」が必要です。

そのための方法として本書でご紹介したマインド、スキル、コミュニケーションのアップデートを実践しながら、読者のみなさま一人ひとりが、自分なりのあり方を体現してくだされば大変うれしいです。

最後に、本書を出版するにあたっては、多くの方に助けていただきました。

企画段階から様々な相談に乗ってくださり、多くのアドバイスをいただいた秀和システムの丑久保和哉さん、我妻かほりさん。執筆に行き詰まったときに相談に乗ってくれたエモーションテックの今西良光さん、当社の第1号社員でもある秋山紗己さん。何より、インタビューにご協力いただいた約３００名の早期離職者のみなさまに心から感謝いたします。

そして、執筆を温かく見守ってくれた妻と二人の息子たちにも感謝しています。ありがとう。

井上洋市朗

装丁　大場君人
イラスト　ろっぷちょっぷ
編集協力　我妻かほり

著者プロフィール

井上洋市朗（いのうえ・よういちろう）

株式会社カイラボ　代表取締役　離職防止コンサルタント。

大学卒業後、株式会社日本能率協会コンサルティングに入社。長時間労働に加え、上司や先輩社員とのコミュニケーションがうまくいかずに体調を崩し、2年足らずで退職。商社での営業経験を経て人材教育ベンチャーでマネージャーを務め、事業の急成長に貢献。事業は成長するものの、社員が立て続けに辞める状態に直面。自分のリーダーとしての行動が間違っていたことに気づく。

自身が2年足らずで退職した経験と、リーダーとしてチームを機能させられなかった経験から、同じような組織、個人を減らしたいと思い、2012年に組織コンサルティングを行う株式会社カイラボを設立、企業向けの離職防止コンサルティングを開始。離職防止の支援を行った企業は100社以上、新卒入社後3年以内に辞めた若手300人にインタビュー、離職対策の研修受講者は1万人に上る。また企業の新入社員研修も担当、年間2000人以上の新入社員や管理職、経営陣等と接し、新入社員のリアルな姿を企業の離職対策支援にも活用している。

離職防止のプロが
2000人に訊いてわかった！
若手が辞める「まさか」の理由

発行日　2025年 2月20日　　第1版第1刷

著　者　井上　洋市朗

発行者　斉藤　和邦
発行所　株式会社　秀和システム
〒135-0016
東京都江東区東陽2-4-2　新宮ビル2F
Tel 03-6264-3105（販売）Fax 03-6264-3094
印刷所　三松堂印刷株式会社　Printed in Japan

ISBN978-4-7980-7380-4 C0030

定価はカバーに表示してあります。

乱丁本・落丁本はお取りかえいたします。

本書に関するご質問については、ご質問の内容と住所、氏名、電話番号を明記のうえ、当社編集部宛FAXまたは書面にてお送りください。お電話によるご質問は受け付けておりませんのであらかじめご了承ください。